ଧ୍ୟାନ ଗୀତା

ଧ୍ୟାନ ଗୀତା

ଆଚାର୍ଯ୍ୟ ସ୍ୱାମୀ ଜଗନ୍ନାଥ

ବ୍ଲାକ୍ ଇଗଲ୍ ବୁକ୍ସ
ଭୁବନେଶ୍ୱର, ଓଡ଼ିଶା

BLACK EAGLE BOOKS
Dublin, USA

ଧ୍ୟାନ ଗୀତା / ଆଚାର୍ଯ୍ୟ ସ୍ୱାମୀ ଜଗନ୍ନାଥ

ବ୍ଲାକ୍ ଈଗଲ୍ ବୁକ୍ସ : ଭୁବନେଶ୍ୱର, ଓଡ଼ିଶା • ଡବ୍ଲିନ୍, ଯୁକ୍ତରାଷ୍ଟ୍ର ଆମେରିକା

BLACK EAGLE BOOKS

USA address:
7464 Wisdom Lane
Dublin, OH 43016

India address:
E/312, Trident Galaxy, Kalinga Nagar,
Bhubaneswar-751003, Odisha, India

E-mail: info@blackeaglebooks.org
Website: www.blackeaglebooks.org

First International Edition Published by
BLACK EAGLE BOOKS, 2023

DHYANA GITA
by **Acharya Swami Jagannath**

Copyright © **Acharya Swami Jagannath**

All rights reserved. No part of this publication may be reproduced, stored in a retrieval system, or transmitted, in any form or by any means, electronic, mechanical, photocopying, recording or otherwise without the prior permission of the publisher.

Cover & Interior Design: Ezy's Publication

ISBN- 978-1-64560-440-2 (Paperback)

Printed in the United States of America

ଦୁଇପଦ ସଂକ୍ଷେପରେ.....

ଗୀତା ପରମ ପୁରୁଷଙ୍କର ପରମ ଧ୍ୱନି, ଖୋଦ୍ ଅସ୍ତିତ୍ୱର ସଂଗୀତ । ସାଧୁସନ୍ଥଙ୍କ ପରିଭାଷାରେ, ଭଗବାନ ଶ୍ରୀକୃଷ୍ଣଙ୍କ ପରମ ବିଭୂତି ଯାହା ସର୍ବଦା କ୍ରିୟାଶୀଳ ସମସ୍ତ ଜୀବାତ୍ମାଙ୍କ ମହାପ୍ରାଣରେ । ତାହା ନିଃଶବ୍ଦର ନିରନ୍ତର ଦିବ୍ୟଧ୍ୱନି ହୋଇ ଗୁଞ୍ଜରଣ କରୁଥାଏ ସର୍ବ ଜୀବାତ୍ମାରେ, ଯାହାକୁ ଓଁକାର, ପ୍ରଣବ, ଅସ୍ତିତ୍ୱର ନାଦ କୁହନ୍ତି । ସେହି ଏକା ସବୁ ସର୍ଜନାର ଆଧାର, ବେଦର ଓ ଗୀତାର ସାର, ଧ୍ୟାନର ଦ୍ୱାର ଓ ସମାଧିର ପୁର ବୋଲି ମହାତ୍ମା କୁହନ୍ତି ।

ଗୀତା, ଶ୍ରୀକୃଷ୍ଣଙ୍କ ମୁଖନିଃସୃତ ବାଣୀ ନ ଥିଲା କେବଳ ପରମ ସଖା ଅର୍ଜୁନଙ୍କ ପାଇଁ । ସବୁ ଯୁଗରେ, ସବୁ କ୍ଷଣରେ, ସବୁ ପ୍ରାଣରେ ନିରାଧାର ପରମ ସ୍ରୋତ ହୋଇ ବୋହି ଆସୁଅଛି ଯାହା ପରମ ସତ୍ୟ, ତାହାକୁ ମାନିବା ଧର୍ମ ନୁହେଁ, ଜାଣିବା ପରମ ଧାର୍ମିକତା । ଏହି ଧରିତ୍ରୀରେ ଧାର୍ମିକତାର ନୂତନ ପ୍ରାଣ ପ୍ରତିଷ୍ଠା କରାଇବା ଥିଲା କୃଷ୍ଣଙ୍କର ଶ୍ରେଷ୍ଠ ଉପହାର । ତେଣୁ ମାନବ ସବୁ ସମୟରେ ଏହି ପବିତ୍ର ଭୂମିରେ ତାଙ୍କୁ ସ୍ମରଣ କରି ପୁର୍ନଜନ୍ମରୁ ଚିର ମୁକ୍ତି ପାଇଥାଏ ।

ଗୀତାକୁ ମହାଯଜ୍ଞର ବିଜ୍ଞାନ କୁହାଯାଇଛି ବୋଲି ସମସ୍ତ ମହାପୁରୁଷଙ୍କ ଅଭିମତ । ଭଗବାନ ରଜନୀଶ୍ ଯାହାଙ୍କୁ ଓଶୋ ବୋଲି ଜଗତ ଜାଣନ୍ତି, ବିଶ୍ୱର ପ୍ରଥମ ଥର ପାଇଁ ଗୀତାକୁ ଧ୍ୟାନରେ ଯୋଡ଼ି, ମାନବ ଜାତିପାଇଁ ଶ୍ରେଷ୍ଠ ଅନୁଦାନ ଦେଇ ଆଜି ଅମର । ଯଜ୍ଞରେ ତ୍ୟାଗ, ସମର୍ପଣ ଓ ଉତ୍ସର୍ଗ କରାଯାଇଥାଏ । ମନୋବିଜ୍ଞାନୀ କୁହନ୍ତି ଯଜ୍ଞରେ ଆହୁତି ଦିଅନ୍ତି ବେଦଜ୍ଞ ବ୍ରାହ୍ମଣ । ପରମ ଉଦ୍ଦେଶ୍ୟ କିଛି ପାଇବାକୁ ହେଲେ, କିଛିକୁ ହରାଇବାକୁ ପଡ଼େ ।

ମୁଖ୍ୟତଃ ଯଜ୍ଞ ଉପରେ ଧ୍ୟାନ ଦେବା । ଯଜ୍ଞ କୁଣ୍ଡରେ ଆହୁତି ଦିଆଯାଏ । ଘୃତ, ଶସ୍ୟ, ଶ୍ରୀଫଳ ଓ ପୁଷ୍ପ ସହିତ ଆହୁରି ଅନେକ ଦ୍ରବ୍ୟ । ଅଗ୍ନିର ଧର୍ମ ଉର୍ଦ୍ଧ୍ୱଗାମୀ । ଆହୁତି ଦେଲେ ଅଗ୍ନିର ଉର୍ଜ୍ଜା ଉର୍ଦ୍ଧ୍ୱକୁ ଯାଇ, ମହାକାଶରେ ପରମ ଉର୍ଜ୍ଜା ସହିତ ମିଶିଥାଏ । ଏ ସବୁ ଜ୍ଞାନର କଥା ସମସ୍ତ ମହାତ୍ମାଙ୍କ ଚର୍ଚ୍ଚା ପରିଧିକୁ ଆସେ । କୃଷ୍ଣଙ୍କର ଶୂନ୍ୟ ଦର୍ଶନର ସାଙ୍କେତିକ ରହସ୍ୟକୁ ବୁଝିବାକୁ ଜୀବାତ୍ମା ସମର୍ଥ ନୁହନ୍ତି । କେବଳ ପଢ଼ିବା, ମାନିବା, ଘୋଷିବା ଓ

ଲେଖିବାରେ ଯୋଡ଼ିଦେଲେ ପରମ ଊର୍ଜ୍ଜା ବିକଶିତ ହେବା ସମ୍ଭବ ନୁହେଁ। ତେଣୁ ପ୍ରଥମ ଥର ପାଇଁ ଓଶୋ ଗୀତାର ପ୍ରତ୍ୟେକ ଶବ୍ଦକୁ ଧ୍ୟାନରେ ଯୋଡ଼ି ଅନୁଭବର ରାସ୍ତା ଖୋଲିଥିଲେ। ସେହି ସହଜ, ଜାଗ୍ରତ ଓ ନିଷ୍କମ୍ପ ବିଶ୍ରାମରୁ ଆନନ୍ଦର ଝରଣା ବହେ। ଆନନ୍ଦିତ ବ୍ୟକ୍ତି ହିଁ ହଜିଯାଏ ଉତ୍ସବରେ, ସେ ଅକାରଣ ପରମ ଶାନ୍ତିରେ ବିଶ୍ରାମ ନିଏ।

ଓଶୋ କହନ୍ତି, ଜ୍ଞାନରେ ସବୁ ଅନୁଭବ ସମ୍ଭବ ନୁହେଁ। ଯେବେ ଜ୍ଞାନକୁ ଧ୍ୟାନରେ ଯୋଡ଼ି ଦିଆଯାଏ ସେହି ମହାମିଳିତ ଯାତ୍ରାରୁ ଉଦୟ ହୁଏ ଏକ ଅଦୃଶ୍ୟ ସୂତ୍ର, ଯାହାକୁ ଆତ୍ମସନ୍ଧାନର କଳା କୁହନ୍ତି। ସୂତ୍ର କହେ, ଆମର ଊର୍ଜ୍ଜାକୁ ଊର୍ଦ୍ଧ୍ୱଗମନ କରାଯାଉ। ଯେପରି ଯଜ୍ଞ କୁଣ୍ଡରେ ଆହୁତି ଦିଅନ୍ତି, ଠିକ୍ ସେହିପରି ସ୍ୱୟଂର ମନ ଭିତରୁ ଅଶୁଭ, ଅଶୁଦ୍ଧି, ଜହର, ଅସତ୍ୟ ଓ ଅହଂକାରକୁ ଆହୁତି ଦିଅ। ଯେଉଁ ମହାକୁଣ୍ଡରେ ଆସୁରୀ ଶକ୍ତି ଧ୍ୱଂସ ହୋଇ ଶୁଭ, ପ୍ରେମ, ଦାନ, ତ୍ୟାଗ ଓ ସତ୍ୟର ଶିଖା ପରମ ଊର୍ଜ୍ଜା ସହିତ ମିଶି ଏକାକାର ହୋଇଯାଏ, ଏହି ତ ପରମ ମୁକ୍ତିର ବିଜ୍ଞାନ ଓ ଯଜ୍ଞର ରହସ୍ୟ।

ବାସ୍ତବରେ, ପ୍ରକୃତି ସିଧା ସଳଖ ଭାବେ କିଛି କରାଇ ଦିଏ ନାହିଁ। ତେଣୁ, ଶୁଦ୍ଧ ମନ ବା ଚେତନା ଦ୍ୱାରା ବିକାଶ ପାଇଁ ସମ୍ୟକ ଧ୍ୟାନର ଆବଶ୍ୟକତା ଜରୁରୀ। ପ୍ରତି କର୍ମରେ ଧ୍ୟାନ ଯୋଡ଼ିଗଲେ, ସ୍ୱୟଂର ଊର୍ଜ୍ଜା ସମ୍ୟକ ଚେତନାର ରୂପନେଇ, ପ୍ରେମ, ସେବା, ସତ୍ୟ ଓ ବିଶ୍ରାମରେ ପହଞ୍ଚାଇଦିଏ। ବର୍ହିଜଗତରେ ପ୍ରକଟିତ ହେଉଥିବା ଅହଂକାର, ଅଭିଯୋଗ, ହିଂସା, ଦ୍ୱେଷ, ମହତ୍ ଆକାଂକ୍ଷା ଇତ୍ୟାଦି ଜଳିପୋଡ଼ି ଅନ୍ତର୍ଜଗତରେ ଛପି ରହିଥିବା ଧନ୍ୟବାଦ, ଅହୋଭାବ, ସାଧୁବାଦ, ଦୟା, କ୍ଷମା, କରୁଣାରେ ରୂପାନ୍ତରିତ ହୋଇଯିବ। ସେହି ଶୁଦ୍ଧିକରଣର ନାମ ଧାର୍ମିକତା, ଧର୍ମ ନୁହେଁ। ଧାର୍ମିକତା ଆଧ୍ୟାତ୍ମିକତାର ପରମ ପୁଞ୍ଜି। ସେହି ମହାଯାତ୍ରାର ଚାରୋଟି ଘାଟ, ଯେଉଁ ଘାଟ ଦେଇ ସମ୍ୟକ ଜୀବାତ୍ମା କରନ୍ତି ସ୍ନାନ। ସେହି ଚାରିଘାଟର ନାମ ସାକ୍ଷୀ, ଧ୍ୟାନ, ସମାଧି ଓ ସୁମିରଣ। ଏହି ଚାରୋଟି ଯେଉଁଠି ଧାର୍ମିକତା ସେଇଠି। ଧ୍ୟାନୀର ସହଜ, ଜାଗୃତ ଓ ସମ୍ବେଦନଶୀଳ ସ୍ଥିତିରୁ ଅସ୍ତିତ୍ୱର ସଙ୍ଗୀତ ଅନୁଭବ ଦିଏ। ଫଳରେ ସାକ୍ଷୀ, ଚୈତନ୍ୟ, ଆତ୍ମସତ୍ତା, ପରମାତ୍ମାର ଭୂମିରେ ମହାନିଦ୍ରାରେ ବିଶ୍ରାମ ନିଏ, ଯାହାକୁ କହନ୍ତି ସମାଧି।

ସେହି ସମାଧିରୁ ବିକଶିତ ଜ୍ୟୋତି ସ୍ୱରୁପର ନାମ ଆସିଲା ଧ୍ୟାନ ଗୀତା, ଆନନ୍ଦ ଗୀତା ଓ ସାଧନା କଥାର ମିଳିତ ପ୍ରସାଦ। ଯାହାର ସାହାଯ୍ୟରେ ଜଣେ ଅତି ସାଧାରଣ ସଂସାରୀ ବୁଝିବାକୁ ସମର୍ଥ ହୋଇ ସ୍ୱୟଂର ଆତ୍ମଯାତ୍ରାରେ ପାଦଦେଇ ପାରିବ। ଏହି ଧ୍ୟାନ ଗୀତା ଅସ୍ତିତ୍ୱର କଥା ଓ ଅନୁଭବର ବାର୍ତ୍ତା। ସେହି ପରମପୁରୁଷଙ୍କ ବିଭୂତିକୁ ପୁଷ୍ପାଞ୍ଜଳୀ ଦେବାର ଏକ କ୍ଷୁଦ୍ର ପ୍ରୟାସ।

ଆଚାର୍ଯ୍ୟ ସ୍ୱାମୀ ଜଗନ୍ନାଥ

ସୂଚୀ

ପ୍ରଥମ ଭାଗ - ଆନନ୍ଦ ଗୀତା

ଅଧ୍ୟାୟର ନାମ	ସଂକ୍ଷିପ୍ତ ରହସ୍ୟ	ପୃଷ୍ଠା
ଅନ୍ୱେଷଣ	ଅର୍ନ୍ତଯାତ୍ରାର ଶୁଭାରମ୍ଭ ପାଇଁ ସମ୍ୟକ ରାସ୍ତାର ଅନୁସନ୍ଧାନ	୧୩
ଶ୍ରଦ୍ଧା	ଭକ୍ତି ଆଡ଼କୁ ସମ୍ୟକ ଗତି, ତପସ୍ୟା ଏକ ନିରାଧାର ଯାତ୍ରା	୨୮
ଜୀବନ	ଅସତ୍ୟରୁ ସତ୍ୟଆଡ଼କୁ ଗତି, ଜଡ଼ ଓ ଚେତନର ଏକ ନାଟକୀୟ ସଂଯୋଗ	୩୭
ଲୀଳା	ଉତ୍ସବମୟ, ଉଲ୍ଲାସ ଭରା ଅଭିନୟ ଓ ଅନୁଭବ ପ୍ରତି ଅନୁଗ୍ରହ	୪୧
ଶୀଳ	ଧୈର୍ଯ୍ୟବାନ, ସାଧୁବାଦ ଓ ସହଜତା	୪୫
ମୈତ୍ରୀ	ସମତାଭାବ, ସମ୍ବେଦନଶୀଳତା ଓ ଅନୁଭବର ରାସ୍ତା	୪୯
ପୁରୁଷାର୍ଥ	ସମ୍ୟକ କର୍ମରୁ ସତ୍ କର୍ମକୁ ଯାତ୍ରା ଓ ଶୁଦ୍ଧ ଶ୍ରମରୁ ବିଶ୍ରାମ	୫୭
ପ୍ରଜ୍ଞା	ବିବେକ, ଜାଗୃତଭରା ଗତି, ଅନୁଭବର ପୋଥି	୬୩
ସାକ୍ଷୀ	ଜଗିବା ବାଲା ପ୍ରତି ହୋସ୍ ଓ ଅପ୍ରମାଦର ସାଧନା	୭୦
ନିଷ୍କାମ	ଅକର୍ତ୍ତା ଭାବେ ପ୍ରତି କର୍ମରେ ଯୋଡ଼ିବାର ବିଜ୍ଞାନ ଓ ପ୍ରଭୁ ସ୍ମରଣ	୭୫
ତଥାତା	ସମ୍ପୂର୍ଣ୍ଣ ସ୍ୱୀକାର ଓ ଅକମ୍ପନ ଦଶା	୮୨
ଅମୃତ	ଅ+ମୃତ, ଜୀବନ ଯାତ୍ରାରେ ଅନ୍ତିମ ମୃତ୍ୟୁର ସାକ୍ଷାତ। ଅହଂକାରରୁ ପରମ ଶୂନ୍ୟତାରେ ଲୀନ	୮୮
ଆନନ୍ଦ	ସୁଖ ଓ ଦୁଃଖରୁ ଉର୍ଦ୍ଧ୍ୱରେ, ପରମ ବୋଧ। ସ୍ୱୟଂର ସ୍ୱଭାବକୁ ଆବିଷ୍କାର କରାଯାଏ ନିଜ ଭିତରୁ	୯୩

ନାମ	ଆଦିଧ୍ୱନି, ସଳା ଶବଦ, ଅସ୍ତିତ୍ୱର ପରମ ସଙ୍ଗୀତ।	
	ବେଦର ସାର ଓ ଗୀତାର ଆଧାର।	୯୮
ସ୍ମରଣ	ପରମାତ୍ମାଙ୍କୁ ସ୍ମରଣ ଓ ପରମ ସିଦ୍ଧି	୧୦୨
ପ୍ରେମ	ପରମଉର୍ଜାର ସହଜ ସ୍ୱରୂପ।	
	ଦେବାରେ ଆନନ୍ଦ ଓ ଶୁଦ୍ଧ ଦାନରୁ ଜନ୍ମ	୧୦୮
ଅଦ୍ୱୈତ	ପରମ ଜ୍ଞାନ, ଦ୍ୱୈତ ଓ ଦ୍ୱନ୍ଦ୍ୱରୁ ମୁକ୍ତ।	
	ମହତ୍ୱକାଂକ୍ଷାର ବିସ୍ମରଣ, ବ୍ରହ୍ମ ସହିତ ପରିଚୟ ଓ ମିଳନ	୧୧୫
ଧର୍ମ	ଅସ୍ତିତ୍ୱର ଆଧାର। ସନ୍ତୁଳନ ଓ ସମ୍ପୂର୍ଣ୍ଣ ହେବାର ବ୍ରହ୍ମ ରହସ୍ୟ	୧୨୧
ସଦ୍‌ଗୁରୁ ଓଶୋ	ସଦ୍‌ଗୁରୁ ସାକାର ଗୋବିନ୍ଦ	୧୨୫

ଦ୍ୱିତୀୟ ଭାଗ: **ସାଧନା କଥା**

ନିବେଦନ	୧୩୧
ସନ୍ନ୍ୟାସୀ ମୋର ପରିଚୟ	୧୩୫
ଜଗନ୍ନାଥ ଗାଏ ହରି	୧୩୭
ଏହି ସମାଧି	୧୩୯
ଶ୍ରେଷ୍ଠ ଧରମ	୧୪୧
କହରେ ଭାଇ	୧୪୩
ମୋ ନିବେଦନ	୧୪୬
ସୁରତୀ	୧୪୮
ଜଗନ୍ନାଥ ଗୁହାରୀ	୧୫୦
କହ ତୁହି ମୋର ପୀର	୧୫୧
ଭଗବତ୍ତା ପାଉ ସବୁ ମଣିଷ	୧୫୩
ଆତ୍ମା ଏକା ମିତ	୧୫୪
ରହିଛୁ ଅମର ପୁରେ	୧୫୬
ଗୁରୁ – ଏକ	୧୫୭
ଗୁରୁ – ଦୁଇ	୧୫୯
ଗୁରୁ – ତିନି	୧୬୧
ଗୁରୁ – ଚାରି	୧୬୪
ଗୁରୁ – ପାଞ୍ଚ	୧୬୬
ଭିତରେ ଥାଉ ଏକ	୧୬୭
ସବୁ ସର୍ଜନାର ନାମ ଓଁ କାର	୧୬୮
ସନ୍ଥ ତୁମର	୧୬୯
ଭେଟିବୁ ରାମ	୧୭୧
ଫକୀର ସୂତ	୧୭୩
ଜଗାର ନାବ	୧୭୫
ଜଗତନାଥ	୧୭୭
ସାଧକଙ୍କ ମାତା	୧୭୯
କ୍ଷଣ	୧୮୨
ଏକାନ୍ତରେ ଗାଉଅଛି	୧୮୩
ନିଶବଦ ଘରେ ଭେଟ	୧୮୪
ଧାର୍ମିକତା ହିଁ ଈଶ୍ୱର	୧୮୬
ନିଜ ସୁରକ୍ଷା ହାତେ ତୋର	୧୮୮
ଅସ୍ତିତ୍ୱ ଶାଖା	୧୯୦
ନୂଆ ଅଭିଯାନ	୧୯୨

ପ୍ରଥମ ଭାଗ

ଆନନ୍ଦ ଗୀତା

ଅନ୍ୱେଷଣ

ଚାଲନ୍ତି ଲକ୍ଷ ଲକ୍ଷ ଲୋକ
ପହଞ୍ଚନ୍ତି ଯେ ମାତ୍ର ଏକ,
ରାସ୍ତାତ ନ ଥାଏ କଠିନ
ଅଟକି ଯା'ନ୍ତି ବହୁଜନ।

ଯାତ୍ରା ତ ଦୁଇ ପ୍ରକାରର
ସମସ୍ତେ ଯାଆନ୍ତି ବାହାର,
ବାହାରୁ ଅପ୍ରାପ୍ତି ଘଟିଲେ
ଅନ୍ତର ରାସ୍ତା ଆପେ ଖୋଲେ।

ସଂସାରୀ ନିଜେ କର୍ତ୍ତା ଜାଣେ
ସଂବୁଦ୍ଧ କଥା ସେ ନ ଶୁଣେ,
ଜ୍ଞାନୀଙ୍କ ସଙ୍ଗତରେ ବାସ
କିଛିଟା ଦେଇଥାଏ ରସ।

ଆଉ ତ କିଛି ଦିଏ ଶାସ୍ତ୍ର
ଗୁରୁ ଧରାନ୍ତି ଶୂନ୍ୟ ଅସ୍ତ୍ର,
ରାସ୍ତା ତ ସମ୍ପୂର୍ଣ୍ଣ ଅଜଣା
ଏକାକୀ ଲାଗେ ଗଲେ ବଣା।

ନିଜର କରାମତି ଛାଡ଼
ଅସ୍ତିତ୍ୱ ଆଡ଼କୁ ତୁ ମୋଡ଼,
ନିଜେ ନ ଗଲେ ମଧୁଶାଳା
କେବେ ନ ଜାଣୁ ମୃତ୍ୟୁ କଳା।

ମନୁ ବିଚାର ଶୂନ୍ୟ କର
ନିର୍ମଳ ହେବ ଦରବାର,
ଶୂନ୍ୟରେ ନାହିଁ ଗୋଳମାଳ
ହଜାଇ ଦିଏ ବୁଦ୍ଧି ବଳ।

ଦୁଃଖକୁ ସୁଖ ଯେବେ ଭାବ
ଭୁଲାଇ ଥାଏ ସଦା ଭିକ।
କମ୍ପନ ଭୁଲି ଶୁଣେ ସ୍ୱର
ସେ ସ୍ୱର ଅଟଇ ଓଁ କାର।

ଓଁ କାର ନୁହେଁ ଅନୁମାନ
କେବଳ ଅନୁଭବେ ଜ୍ଞାନ।
ମଦିରା ଯିଏ ପାନ କଲା
ସଂସାରୀ ଜ୍ଞାନୀ କହି ମଲା।

ଅସ୍ଥିର ହୋଇ ବୁଲୁଥାଏ
ମୂଳକୁ ଛାଡ଼ି ସଦା ରହେ।
ସ୍ୱୟଂ କୁ ସାଧିଲେ ତୁ ଶୁଦ୍ଧ
ପାଇବୁ ନିଜେ ଆତ୍ମବୋଧ।

କେତେ ସୁନ୍ଦର ଏହି ସୃଷ୍ଟି
ଦ୍ରଷ୍ଟାରେ ଦେଖିଲେ ତ ବୃଷ୍ଟି।
ପାଇବା ପାଇଁ ଯେ ପାଗଳ
କାଞ୍ଚନ ଥାଇ ବି କାଙ୍ଗାଳ।

ହୀରା ତ ଛପିଛି ଭିତରେ
ଜ୍ଞାନୀ ଯେ ଖୋଜୁଛି ଗ୍ରନ୍ଥରେ ।
ବାହାରିଆରେ ନୁହେଁ ଧ୍ୟାନ
ଭିତରେ ହୋଇଲେ ଯେ ଶୂନ୍ୟ ।

ଗୁରୁଙ୍କ ଇସାରା ଧରିବ
ସ୍ୱୟଂର ଭିତରେ ପଶିବ ।
ଶୂନ୍ୟରୁ ଶବଦ ବାଜିବ
ଅନ୍ତର ଆକାଶ କମ୍ପିବ ।

ଟିକିଏ ଆଲୋକ ପାଇବ
ଅନ୍ଧାର ନିଶ୍ଚେ ହଜିଯିବ ।
ଶୂନ୍ୟ ଶ୍ରବଣ କର ଠାବ
ସେହିତ ଅସ୍ତିତ୍ୱର ଭାବ ।

ଅସଲି ହୀରା ତ ଜୀବନ୍ତ
ନ ଥାଏ ତା'ର ଆଦି ଅନ୍ତ ।
ଜାଣିବ ସ୍ୱୟଂରେ ପଶିଲେ
ଗୁରୁ ଇସାରାକୁ ଧରିଥିଲେ ।

ଜ୍ଞାନୀ ହୋଇଲେ ମହାମୁଢ଼
ଅଜ୍ଞାନୀଙ୍କର କଥା ଛାଡ଼ ।
ଅଟକେ ଅଜ୍ଞାନୀ ସାକାରେ
ଭଟକେ ଜ୍ଞାନୀ ନିରାକାରେ ।

ସବୁ ଛାଡ଼ିଲେ ତୁ ଯୋଡ଼ିବୁ
ଭୌତିକ ପ୍ରୀତି ଭୁଲିଯିବୁ ।
ବଣିକେ ନାହିଁ ଯେ ସାଧୁତା
ମିଥ୍ୟା ଜଡ଼ରେ ସେ ବାଧ୍ୟତା ।

ତପସ୍ୟା କିନ୍ତୁ ମୌନ ନାବ
ନିଷ୍କାମ ଭାବନା ତା ଥିବ।
ସେ ଭାବ ଅନ୍ତରକୁ ମୋଡ଼େ
ମୂଳ କୋଷରେ ସେ ଯେ ଯୋଡ଼େ।

ହଜାଏ ମନର ଲହର
ଭିତରେ ଶାନ୍ତର ସାଗର।
ସାଗର ଅଟଇ ଈଶ୍ୱର
ସ୍ୱୟଂ ଭିତରେ ତାର ଦ୍ୱାର।

ଯେ ଖୋଜେ ଅନ୍ୟର ପଥରେ
ଭୀରୁ ସ୍ୱଭାବରେ ସେ ମରେ।
ଯେଉଁଠି ହୋଇଥା ତୁ ରତ
ସଦା କରୁଥା ତୁ ତୀରଥ।

କରିଲେ ଯେତେ ମହାଯଜ୍ଞ
ଶାସ୍ତ୍ର ପଢ଼ିକି ହେବୁ ଅଜ୍ଞ।
ମନ୍ଦିରେ ଦେବତା ଖୋଜଇ
ନିଜର କେନ୍ଦ୍ରକୁ ଭୁଲଇ।

ପ୍ରକାଶ ଦେଖିବାକୁ ହେଲେ
ବତୀକୁ ଜାଳିବୁ ପହିଲେ।
ବତୀରେ ରୁହେନି ବଳିତା
ମନତ ଜଳେ ହୋଇ ଫିତା।

ସରି ଯାଉଛି ତୋର ତେଲ
ବିଧାତା ହସେ ଦେଖି ଜାଲ।
ତଥାପି ରହିଯାଏ ରାତି
କେବେ ଆସେନି ତୋର ପତି।

ରାତିରେ ଦୀପ ଲିଭିଯାଏ
ପୁଣି ଇଚ୍ଛା ତ ହୋଇଥାଏ ।
ଏପରି ଜୀବନ ପ୍ରକ୍ରିୟା
ସ୍ୱାଧ୍ୟାୟ ଯାତ୍ରା ଧରେ କାୟା ।

ଜାଣିଲେ ଆସେ ତ ସକାଳ
ସୂରଜ ପ୍ରତୀକ୍ଷାରେ ଭୋଳ ।
ପୁଣି ଯେ ନୂଆ ନୂଆ ଆଶା
ଲକ୍ଷକୁ ଦେଇଥାଏ ଦିଶା ।

ସେହି ଦିଗରେ ରଖି ଲୟ
ନିଜକୁ ସଦା କର ଥୟ ।
କ୍ଷୁଦ୍ରରେ ହଜିଯାଏ ଶୂଦ୍ର
ବଶ୍ୟ ତା ହିସାବରେ ଭଦ୍ର ।

କ୍ଷତ୍ରିୟ ସଦା ଯେ ସାହସୀ
ବ୍ରାହ୍ମଣ ହୁଏ ସତ୍ୟଭାଷୀ ।
ଏହା ତ ନୁହେଁ ମୂଳତଟ
କର୍ମ ବତାଏ ସତ୍ୟବାଟ ।

ଜୀବନ ବାଜିରେ ଲଗାଅ
ହୃଦୟେ ସଂକଳ୍ପ ବସାଅ ।
ଯଦି ନ ଜାଗେ ବ୍ରହ୍ମପ୍ୟାସ
ବିଷୟ ମିଳାଏ ତା ରସ ।

ମୃତ୍ୟୁର କ୍ଷଣେ ହଜାଇବ
ଅତୃପ୍ତ ଆତ୍ମା ବିଦା ହେବ ।
ଅସମ୍ୟକେ ଯେ ବସିଥାଏ
ପରଚର୍ଚ୍ଚାରେ ଦିନ ନିଏ ।

ସମ୍ୟକ ବ୍ୟକ୍ତି ହସୁଥାଏ
ପରଦୁଃଖରେ ଭାଗି ହୁଏ।
ଅନ୍ୟର ପାଇଁ ସଦା ମରେ
ସମୀକ୍ଷା ଦ୍ୱାରା ଶୁଦ୍ଧ କରେ।

ବାହାର ଯାତରାକୁ ଛାଡ଼
ଦୁଃଖ ହୋଇବ ଆଡ଼ ଆଡ଼।
ଭିତରେ ଯେବେ ମୌନ ଥିବ
ତୃତୀୟ କାନ ଯେ ଖୋଲିବ।

ଶ୍ରବଣ ହେବ ଲଗାତାର
ଦ୍ୱାର ଦିଶିବ ଗୋବିନ୍ଦର।
ପୀଡ଼ା ତ ଜୀବନର ପୁଞ୍ଜି
ଅନ୍ତର ଯାତ୍ରା ପାଇଁ କୁଞ୍ଜି।

ତୃଷ୍ଣା ତାହାର ହୁଏ କ୍ଷୟ
ଆତ୍ମଗଙ୍ଗାରେ ରଖେ ଲୟ।
ସେହି ଯାତ୍ରାରେ ନାହିଁ ସାଥି
ନାହିଁ ବଇଦ ଆଉ ପଥି।

ଜୀବନ ଅର୍ଥକୁ ତୁ ଜାଣ
ତେବେ ରହସ୍ୟ ହେବ ପୁଣ।
ଶୁଣିବା ମୂଳେ ଅହୋଭାବ
ଅନ୍ତରୁ ଶୁଣାଯାଏ ରାବ।

ସେହି ରାବଟି ତ ଅଜଣା
ସାଗର ବାଟ ତାକୁ ଜଣା।
ନିର୍ବାଣ ହେବ ତୋର ଗତି
ଗୋବିନ୍ଦ ହୋଇଥାଏ ପତି।

ଯେବେ ତୁ ହେବୁ ଆତ୍ମବାସୀ
ସଦା ସ୍ମରଣେ ସେ ସନ୍ୟାସୀ।
ଶୂନ୍ୟ ହୁଅଇ ଯା'ର ମନ
ଧ୍ୱନି ଶୁଣଇ ତା'ର ପ୍ରାଣ।

ତା'କୁ ଛାଡ଼ିକି ଗ୍ରନ୍ଥ ପଢୁ
ଜ୍ୟୋତିଷ କ୍ରିୟା କାଣ୍ଡେ ଯୋଡୁ।
ନିଜ ଜୀବନୀ ଲେଖା ତୁହି
ନ ପଢ଼ିପାରୁ ଆଖିଥାଇ।

ଦୁଇଟି ଚକ୍ଷୁ ଆଉ କାନ
ନ ଦେଇଥାଏ ବ୍ରହ୍ମଜ୍ଞାନ।
ଧ୍ୟାନ ତ ଅନ୍ତର ଯାତରା
ଖୋଲାଏ ସୁଖର ପସରା।

କପିଳ ବସ୍ତୁକୁ ଗୌତମ ଛାଡ଼ି
ସମ୍ଭବ ହୋଇଲା ନିର୍ବାଣ ସିଡ଼ି।
ପ୍ରତ୍ୟେକ ଭୋଗରୁ ତ୍ୟାଗର ମୂଳ
ସାଧନ ହଜାଏ ଦୁଃଖର କୂଳ।

ଶିଖିଲ କି ନାହିଁ ଜୀବନ ସାରା
ହିସାବ ରହେନି ନିଜର ଦ୍ୱାରା।
ଜୀବନ ହୋଇବ ଧନ୍ୟ ତୋହର
ମିଳିବ ଯାହାକୁ ଆଶ୍ରା ସଦ୍ଗୁର।

ବାଜି ନ ଲାଗିଲେ ଯାତରା ତାର
ଶିଷ୍ୟତ୍ୱ ନେବନି ଗୁରୁ ଏଥର।
ଲାଗିବନି ବାଧା ଫୁଲର କଣ୍ଟା
ଦୁଃଖକୁ ସହିଲେ ସୁଖତ ବଣ୍ଟା।

ସହଜରେ ଥାଇ ରାମକୁ ଭଜ
ସେହି ତ ଗୋବିନ୍ଦ ଜାଣିବୁ ରାଜ।
କିଏ କହେ କୃଷ୍ଣ କିଏ ବା ରାମ
ନଥାଉ ସେଥିରେ କେବେ ବିରାମ।

ଯାଉଥାଅ କାଶି ଯାଅ ବା କାବା
ମତଲବ ଥାଏ ଘରକୁ ଯିବା।
ତୀରଥ ବରତ ଭିତରୁ ଖୋଜ
ସଜାଗ ଥାଇ କି ସଦା ତୁ ହେଜ।

ଭାଷାରେ କାହିଁବା ପ୍ରକଟ ହୁଏ
କଣ୍ଠରେ ଓଠରେ ନ ଥାଏ ସିଏ।
ଜୀବନର ରସ କେନ୍ଦ୍ରରେ ତଥ୍ୟ
ସାର ଶବଦଟି ପରମ ସତ୍ୟ।

ଯାହା ଯେତେ କଲେ ପୁରେନି ମନ
ଗଙ୍ଗାସ୍ନାନ କଲେ ହୁଏନି ଧ୍ୟାନ।
ଶୁଣରେ ମନ ତୁ ଶତ୍ରୁ ପ୍ରବଳ
ସଂଘର୍ଷ ଘଟାନି ଖଟାଇ ବଳ।

କୌଶଳ ହେଉ ତୋ ସରଳ କ୍ରିୟା
ଜିତିବୁ ସହଜେ ସଂସାର ମାୟା।
କାମ କ୍ରୋଧ ଦ୍ୱେଷ ବଦଳାଇବୁ
ମଉନ ରହି ତୁ ନାମ ଶୁଣିବୁ।

ପ୍ରଭୁ ନାମ ନେଇ ଶୁଣିବୁ ଗୀତ
ସେହି ହେବ ବେଦ ଅର୍ନ୍ତ ସଙ୍ଗୀତ।
ଆତୁରତା ଥିଲେ ତାରି ଲାଗିବ
ଗୁରୁ ଶ୍ରଦ୍ଧା ହେଲେ ରାସ୍ତା ମିଳିବ।

ବ୍ୟର୍ଥକୁ ଛାଡ଼ିକି ସାଧକ ହେବୁ
ସତ୍ୟ ଭକ୍ତି ପଥେ ଯାତ୍ରା କରିବୁ।
ଶରୀର ତ ଦୀପ ମନ ସଳିତା
ସାକ୍ଷୀ ତେଲ ଭରେ ପ୍ରକାଶ ପିତା।

ବିନା ଦୀପ ଥାଇ ଜଳେ ବିଧାତା
ସମାଧି ଲାଗିଲେ ଜାଣିବୁ ପତା।
ଅକମ୍ପ ସ୍ଥିତିରେ ହୋଇବ ଠାବ
ନିର୍ବିଷୟ ହେବ ପରମ ଜୀବ।

ସୂରଜ ଯେବେ ରେ ଡୁବିଣ ଯାଏ
ଚେତା ତେବେ ତୋର ଫେରି ନ ଥାଏ।
ସତ୍ୟ ଭକ୍ତି ପାଇଁ ସମୟ କାହିଁ
ବିତିଯାଏ ଦିନ ପ୍ରସନ୍ନ ନାହିଁ।

ପୁଣି ସେ ଜୀବାତ୍ମା ଜନମ ନେବ
ଯାହା କରିଥିବ ଭୁଲି ସେ ଥିବ।
ନିଜର ଦୋଷକୁ ଅନ୍ୟ ଉପରେ
ଲଦିଦେବା ପାଇଁ ରହୁ ବ୍ୟସ୍ତରେ।

କେତେ ଜନମରେ ବୁଝିବୁ ତୁହି
ନଥିବ ତୋ ପାଖେ ସଙ୍ଗତ ପାଇଁ।
ଭିତରକୁ ଯିବା ପାଇଁ ତ ପରା
ସନ୍ଥ ବସିଛନ୍ତି ଦେଇ ଡାକରା।

ଯଦି ପାରୁଥାଉ କାମରେ ଲଗା
ବିକଶିତ ହେବ ଚୈତନ୍ୟ ଶିବା।
ପର ନିନ୍ଦା ଚର୍ଚ୍ଚା କରିଲେ ସଦା
ଅନ୍ତର ଯାତ୍ରାରୁ ହୁଏ ସେ ବିଦା।

ବାହାର ହିସାବ ନ ରଖି ତୁହି
ଗୁରୁ ଆସରାକୁ ଧରିବୁ ଯାଇ।
ନିଜର ଖାତାକୁ ଖୋଲିବୁ ଯେବେ
ସହଜ ହୋଇବ ଯାତରା ତେବେ।

ଜୀବନ ଡାଇରୀ ନିଜେ ଲେଖିବୁ
ଅଢ଼ାଇ ଅକ୍ଷର ପ୍ରେମ କରିବୁ।
ଯାହାର ମୂଳରେ ପ୍ରୀତି ଜାଗିବ
ଆତ୍ମଜ୍ଞାନ ପାଇଁ ରାସ୍ତା ଖୋଲିବ।

ସନ୍ଥ କହେ ଅବା ଜଗତ କହେ
ଫରକ ସେଥିରେ ନ ଦେଖା ଦିଏ।
ନିଜେ ଶୁଦ୍ଧିଲେ ତୁ ବୁଦ୍ଧ ହୋଇବୁ
ଚଷମା ପିନ୍ଧିଲେ ଧୋକା ଖାଇବୁ।

ପରବତ ଉଚ୍ଚ ନଦୀତ ତଳ
ଝରଣା ବୁହଇ ଯେ କଳକଳ।
ଶରତେ ଜଳ ଯେ ଥାଏ ନିର୍ମଳ
କମଳ ଫୁଟଇ ଯେ ଦଳ ଦଳ।

ଦୁନିଆକୁ ଭୁଲି ସ୍ୱୟଂକୁ ଦେଖ
ସଦା ଜାଗରଣେ ଚାଲିବା ଶିଖ।
ଅନ୍ତର ଯାହାର ଯେ ଗୋଳମାଳ
ସବୁଥାଇ ସିଏ ହୁଏ କାଙ୍ଗାଳ।

ଯାହାର ଭରଷା ନାହିଁ ଉପରେ
ସଂସାର ଭିତରୁ ନ ଉଠି ପାରେ।
ମାଲିକ ଶୋଇଛି ଅନ୍ତର ପୁରେ
ଜ୍ଞାନୀ ଖୋଜିବୁଲେ ଗ୍ରନ୍ଥ ଭିତରେ।

ସରଳ ବିଶ୍ୱାସ ସହଜ କ୍ରିୟା
ସଦା ସ୍ୱୀକାରରେ ହୁଏ ଅକ୍ରିୟା ।
ଘର ଛାଡ଼ି ସାଧୁ ହୁଏ ପାଗଳ
ଧନ କମାଇବା ତାହାର ମୂଳ ।

ମନରେ ରହିଛି ଅନେକ ଫାଟ
ଇନ୍ଦ୍ରିୟ ତୃପ୍ତି ଯେ ଘଟାଏ ନାଟ ।
ନାଟର ମୂଳରେ ଅଯଥା ଭୀତ
ଜୀବନ ଥାଇକି ସଦା ସେ ମୃତ ।

ସଂସାରେ ରହିକି ଭାବନ୍ତି କିଛି
ସମାଜ ଗଢ଼ିବି ନିଜେ ମୁଁ ବାଛି ।
ଭାବୁ ଭାବୁ ଦିନ ଯେ ସରିଯାଏ
ମୋକ୍ଷ ଅନୁଭବ ମନେ ନ ଥାଏ ।

ସପନକୁ ମୋଡ଼ି ଜଗିବୁ ଏବେ
ଶ୍ୱାସକୁ ଦେଖିଲେ ଜିତିବୁ ତେବେ ।
ଯେପରି ସୁଗନ୍ଧ ଫୁଲରୁ ଆସେ
ସୂରଜର ନାଲି କିରଣ ହସେ ।

ଶୁଦ୍ଧ ହେବ ଚିତ୍ତ ଧ୍ୟାନରେ ରତ
ସମାଧି ଲାଗଇ ତତ୍‌.କ୍ଷଣାତ ।
କ୍ଷଣତ କରଇ ସବୁକୁ ଧ୍ୱଂସ
କ୍ଷଣରେ ଘଟାଏ ପରମ ହଂସ ।

ଶରୀରେ ଇନ୍ଦ୍ରିୟ ହୃଦୟେ ପ୍ରାଣ
ମନ ଅହଂକାର ସବୁକୁ ଜାଣ ।
ସ୍ୱୟଂର ବୋଧ ତା ଚୈତନ୍ୟ ରୂପ
ମଣିଷ ଜାଣେନି ନିଜ ସ୍ୱରୂପ ।

ଯଦି ନ ପାରିଲା ଜାଣି ତା ମୂଳ
ମାତୃଭୂମି ପାଇଁ ହେବ ସେ କାଳ।
ସାରା କରାମତି ମନେ ପକାଉ
ନିଜ ଗୃହ ଯିବା ତୁ ଭୁଲିଥାଉ।

ଭାଗ୍ୟକୁ ଯୋଡୁଛୁ ମନ୍ଦ ସହିତ
ସୁଫଳ ମିଳିଲେ ନିଜେ ତୁ ପ୍ରୀତ।
ନିଜକୁ ନ ଯୋଡ଼ି ଅଇନା ଦେଖୁ
ଯୋଗ ସାଧିବାରୁ କ'ଣ ବା ଶିଖୁ।

ଯୋଗରେ ଚାଲିଛି ଯେ ବ୍ୟବସାୟ
ପ୍ରତିଷ୍ଠା ସହିତ ନିଜର ଆୟ।
ଯମ ଓ ନିୟମ ଆସନ ଜାଣ
ପ୍ରାଣାୟାମ ହେଲା ଯୋଗର ଗୁଣ।

କୁଆଡ଼େ ଗଲା ସେ ତିନିଟି ଫଳି
ଧାରଣା ଓ ଧ୍ୟାନ ସମାଧି କଳି।
ଚାରି ପାଦ ଗଲେ ପୁରେନି ସିଢ଼ି
ଆତ୍ମ ପରିଚୟ ଯାଏ ତା ଉଡ଼ି।

ସାଧୁଙ୍କ ଶିକ୍ଷାରେ ପୁରେନି ଯୋଗ
ପତଞ୍ଜଳୀ ବାଣୀ ହୋଇଲା ଭାଗ।
ସାଧକ ମନରେ ଇର୍ଷା ଭରିଛି
ଦେଖାଣିଆ ଯୋଗ ସଦା କରୁଛି।

ମରିବା ବଞ୍ଚିବା ନିଜ ହାତରେ
ସଦା ଶାନ୍ତ ଥିଲେ ଅମୃତ ଝରେ।
ଜୀବନ ଯାତ୍ରାରେ ହୋସ୍ ରଖିବୁ
ମୃତ୍ୟୁର ରହସ୍ୟ ପାଖେ ପାଇବୁ।

ଶରୀର ଅଟଇ ଅଯୋଧ୍ୟା ରଥ
ଅହଂକାର ହୁଏ ଯେ ଦଶରଥ।
ଇନ୍ଦ୍ରୀୟ ମନ୍ଥରା ସବୁ ବିକାର
ମନକୁ ଫସାଏ ନାନା ପ୍ରକାର।

ମନତ କୈକେୟୀ ଆତ୍ମା ତ ରାଜା
ରାମ ଯେ ଚୈତନ୍ୟ ଭରତ ପ୍ରଜା।
ଜଗତ ଅଟଇ ଯେ ମଧୁଶାଳା
ଇଚ୍ଛା ଦୁର୍ଯ୍ୟୋଧନ କ୍ଷମତା ବାଲା।

ଯିଏ ହଜିଗଲା ଖାଲିତ ହାଲା
ଆଗାମୀ ପାଇଁକି ସବୁତ ମେଲା।
ଚିତ୍ତ ଯେ ଅର୍ଜୁନ ଦୋଦୁଲ୍ୟମାନ
କୃଷ୍ଣ ତ ଅଟଇ ଅସଲି ଧ୍ୟାନ।

ହୀରା ସୁନା ଚାନ୍ଦି ନ ଦେଖେ ମନ
ସଂଘର୍ଷ ଘଟାଏ ଯେ ଲୁକସାନ।
ଅସଲି ଜିନିଷ ଗୁରୁଙ୍କ ଦାନ
ସେ ଧନ ଅଟଇ ରାମରତନ।

କେବଳ ଶୁଣିଲେ ପାଇବୁ ଭୋଗ
ଆପେ ଫିଟିଯିବ ପରମ ଯୋଗ।
ପରିଣାମ ପରା ପ୍ରତ୍ୟାଶୀ ଦେଖେ
ଏକଲା ଚାଲିଲେ ଶୁଣିବା ଶିଖେ।

ଇନ୍ଦ୍ରୀୟ ସଂଯମ କରେନି ପ୍ୟାସୀ
ମୈତ୍ରୀ ଭାବ ହେଲେ ଜନ୍ମେ ସନ୍ୟାସୀ।
କେନ୍ଦ୍ରକୁ ଜାଣଇ ନାହିଁ ଯେ ନର
ଜୀବନ ଅଟଇ ତା'ର ବେକାର।

ନିଜ ପାତ୍ରତାକୁ ଦେଖଇ ନାହିଁ
ମହା ମୁଢ ବୋଲି ବିକାଶ କାହିଁ।
ଉଦାସ ହତାସ ଯାତରା ତାର
ଭୁଲିଯାଏ ସଦା ଅନ୍ତର ଦ୍ୱାର।

ଭୁଭୁକ୍ଷା ମୁମୁକ୍ଷା ଖାଲି ତା ଆଶା
ଆଳସ୍ୟ ଭିତରେ ସଂସାରୀ ନିଶା।
ଅସଲି ଶୋଷ ଯେ ମୁମୁକ୍ଷା ସେହି
ବଡ଼ ଭାଗ୍ୟବାନକୁ ମିଳିଥାଇ।

ସବୁର ମୂଳରେ ଗୋବିନ୍ଦ କୃପା
ନାମର ସ୍ମରଣ ଗୁରୁ ଅରୂପା।
ପ୍ରଜ୍ଞାରୁ ବୈରାଗ୍ୟ ଶ୍ରବଣୁ ନାମ
ନିର୍ମୂଳ ବାସନା ତ୍ୟାଗର ଧାମ।

ସହଜ ସ୍ଥିତିରେ ରଖିଲେ ଲୟ
ସଂବୁଦ୍ଧି ଘଟାଏ କ୍ଷଣିକ ମୟ।
ଆରମ୍ଭିବ ତ୍ୟାଗ ଘଟିବ ଯୋଗ
ପରମ ମୁକ୍ତି ଯେ ଲଭିବ ଭାବ।

ପରମ ନିୟମେ ଯେ ଚାଲୁଥାଏ
ଅଟକି ଗଲେ ତା ମରଣ ହୁଏ।
ଜ୍ଞାନୀହୋଇ କୂପ ମଣ୍ଡୁକ ମରେ
ଶାସ୍ତ୍ରଖାଇ ଉଇ ହଜମ କରେ।

ବାହାର ଯୋଡ଼ିଲେ ନାହିଁ ବିସ୍ତାର
ସୁମିରଣ ଦିଏ ଏକା ଆଧାର।
ଯେବେ ନ ମିଳଇ ଶୂନ୍ୟ ଦୁହ୍ଲନ
ଆନନ୍ଦର ଗନ୍ଧ ନ ମିଳେ ଜାଣ।

ବୁଲୁଥିବ ସଦା ଏଠା ସେଠାକୁ
ସତ୍.ସଙ୍ଗ ବତାଏ ଅଟକିବାକୁ।
ଯେଉଁଠି ଲାଗିବ ମନ ଯେ ତୋର
ଗୁରୁ ପହଞ୍ଚିବ ଦ୍ୱାରେ ତୋହର।

ଚାଲରେ ପ୍ରଭୁଙ୍କ ଘାଟକୁ ଯିବା
ଯେତେ ପୀଡ଼ା ଆସୁ ଯାତ୍ରା କରିବା।
ଅସଲି ମାଲିକ ଖରଦିଦାର
ଯେତେ ଶୀତ ହୁଏ ଦିଏ ଚାଦର।

ଦଣ୍ଡିବା ବାଲା ତୁ ଖୋଦ୍ ନିଜେ
ଶୁଦ୍ଧ ହେଲେ ନିଜେ ଖୋଦା ତ ବିଜେ।
ବିଜୟ ମୂଳରେ ଧ୍ୟାନ ତ ଏକ
ଯାତରା ପୂର୍ବରୁ ମଉନ ଶିଖ।

ବାହାର ନ ଦେଖି ଆଖି ବୁଜିବୁ
ଭିତରେ ପଶିଲେ ବିଶ୍ରାମ ନେବୁ।
ଖୋଜିବା ମୂଳ ଯେ ଆନନ୍ଦ ଜାଣ
ଯୋଗାଯୋଗ ପାଇଁ ଏ ଅନ୍ୱେଷଣ।

ଶ୍ରଦ୍ଧା

ଯାହାର ପ୍ରେମ ଶୁଦ୍ଧ ହେବ
ସଦ୍ ଗୁରୁ ଅବଶ୍ୟ ମିଳିବ।
ବାହାର ଗତି ହଜିଯିବ
ଅନ୍ତର ଦ୍ଵାର ଖୋଲାଇବ।

ସମ୍ୟକ ହେବ ତା ଯାତରା
ଖୋଲିବ ନାମର ପସରା।
ପ୍ରୟାସ ଯେ ପର୍ଯ୍ୟନ୍ତ ନାହିଁ
ଗୁରୁ ଆଶ୍ରିତ ହେବ କାହିଁ।

ଇସାରା ବିନା ପ୍ରଜ୍ଞାଭାବ
କିପରି ମୁକୁତି ପାଇବ।
ସନ୍ଦେହ ଯେ ପର୍ଯ୍ୟନ୍ତ ଥିବ
ଆସ୍ଥାରେ ବିଭ୍ରାଟ ଘଟିବ।

ସଂକଳ୍ପ ସହିତ ଜାଗୃତି
ଅଭ୍ୟାସ କରାଇବ ଗତି।
ଭରସା ଅନ୍ତରକୁ ମୋଡ଼େ
ବିଶ୍ଵାସ ଭକ୍ତି ସଙ୍ଗେ ଯୋଡ଼େ।

ଭିତର କମ୍ପନକୁ ଛାଡ଼
ବାହାର ହେବ ଆଡ଼ଆଡ଼।
ବିନା ଆଶାରେ କାମ କର
ହୋସ୍ ଓ ମସ୍ତିରେ ଯେ ଭର।

ଯେ କରେ ଯେତେ ମଜଦୁରୀ
ପ୍ରଭୁ ଦିଅନ୍ତି ତା ମଜୁରୀ।
ନିଷ୍ଠାର ଅଭାବ ତ ହେଲେ
ସୁରକ୍ଷା ଆଶା ଯେ ଦୋହଲେ।

ଲକ୍ଷ୍ମଣେ ଭରସା ନ ଥିବ
ସୀତାଙ୍କ ପରି ଲଙ୍କା ଯିବ।
ବିଧିର ବିଧାନକୁ ଭାବ
ଶ୍ରଦ୍ଧା ତା ସନାତନ ହେବ।

କବୀର ଧର୍ମ ଦାସେ କହେ
ଅସଲି ବାହାର ନ ଯାଏ।
କଚଡ଼ାକୁ ଯେ ମଣେ ହୀରା
ମୂଲ୍ୟ ତା ହଜିଯାଏ ପରା।

ମନରେ ଶ୍ରଦ୍ଧା ଯା ଆଧାର
ତାକୁ ମିଳଇ ସବୁ ସାର।
ଢାଳୁଛ ଯେତେ ଦୁଧ ଜଳ
ଦହି କଦଳୀ ମହୁ ଫଳ।

ତା'ର ସୃଷ୍ଟିକୁ ତାକୁ ଦେଇ
କି ଯଶ ପାଇବୁ ତୁ ସେହି।
ପରମ ସୂତ୍ରକୁ ଯେ ଭୁଲେ
ଯେଡ଼େ ପଣ୍ଡିତ ହେଲେ ମଲେ।

ଗୁରୁଙ୍କ ପାଦେ ଯା ଶରଧା
ଅନ୍ତରୁ ହଟାଏ ପରଦା।
ଗଗନ ନିର୍ମଳ ହୋଇଲେ
ଅସ୍ତିତ୍ୱର ସଙ୍ଗୀତ ମେଲେ।

ଏହା ଭୁଲିକି ଯାଉ ତୀର୍ଥ
ସମୟ କଟାଉ ବେଅରଥ।
ନିଜ ପୀରତି ହେବ ଜିତା
ଅସଲି ସ୍ୱାଦୁ ହେବ ପିତା।

ଅନ୍ୟଙ୍କୁ ମାନ ଯିଏ ଦିଏ
ସମ୍ମାନ ତା ପାଖକୁ ବହେ।
ଗୁରୁ ସ୍ମରଣ ଯେ ନ କରେ
ବିଭୂଙ୍କ କୃପାକୁ ସେ ହରେ।

ଯାହାକୁ ଦାନ ତୁମେ ଦେଲ
ପାଇବା ଆଶା ତା'ଠୁ ଭୁଲ।
ଦେବା ନେବାରେ ନାହିଁ ସୁଖ
ଆଶା ତ ଅଟେ ମହା ଦୁଃଖ।

ଦୁଃଖ ତ ନିଜ ଆୟୋଜନ
ଆନନ୍ଦ ଅଟେ ମହାଧନ।
ଶ୍ରଦ୍ଧାକୁ ପୁଞ୍ଜି କରୁଥିବ
ଭକ୍ତି ଆଡ଼କୁ ଆପେ ଯିବ।

ଉମଙ୍ଗ ଭରେ ତା'ର ମନ
ସମସ୍ତେ ହେବେ ପ୍ରିୟଜନ।
ଦୃଷ୍ଟଙ୍କ ଠାରୁ ଦୂରେ ରହି
ସନ୍ଥଙ୍କ ପ୍ରେମ ସଦା ପାଇ।

ଦୁର୍ଜନ ବଚନ ଜଗିବ
ନିଜର ଭାଷାକୁ ଭାବିବ।
ନିଧନୀ ପ୍ରତି ଯେ କରୁଣା
ଊଣା ହୁଏନି ତାର ମୁଣା।

ପରଧନକୁ ଦେଖନାହିଁ
ଦେଖିଲେ ମନ ଝାଙ୍କେ ସେହି।
ଖାତିରି ସବୁକୁ କରିବ
ନିଜେ ଯେ ଆପେ ଶୁଦ୍ଧ ହେବ।

ଏହି ମିତ୍ରତା ବରଦାନ
ପ୍ରଭୁ କରାନ୍ତି ଶ୍ରଦ୍ଧାବାନ।
ସନ୍ଥବାଣୀ ଜାଣ ବେଦ ତ ସେହି
ହରି ତା'ର ମଧ୍ୟେ ଭେଦ ବି ନାହିଁ।

ନିର୍ବିଚାର ହେଲେ ହୁଅଇ ଧ୍ୟାନ
ନାଚିଉଠଇ ତା ପ୍ରଜ୍ଞାର ଜ୍ଞାନ।
ସନ୍ଥ ସଙ୍ଗେ କର ଉପନିଷଦ
ଜାଣିବ ସତ୍ୟର ପରମ ଭେଦ।

ସାଧୁଙ୍କର ଘର ଅଟେ କୁଟୀର
ତୀରଥ ଅଟଇ ତାର ଦୁଆର।
ସନ୍ଥ ପାଖ ଅଟେ ଗଙ୍ଗାର ତଟ
କାଶୀ ପାଲଟିଲା ମରଣ ଘାଟ।

ସ୍ୱଭାଗ୍ୟବାନକୁ ସନ୍ଥ ଦର୍ଶନ
ଅମୃତ ଜାଣଇ ତାର ସମ୍ମାନ।
ପୁଞ୍ଜି ଯେ ତାହାର ନାମ ଆଧାର
ଶ୍ରବଣ କରିଲେ ମିଳେ ତା ଦ୍ୱାର।

ଧରମ ଆଜିର ଯେ ଲୋକ ହସା
ପିଲା ଖେଳ ପରି କରେ ତମାସା।
ସବୁ ଛାଡ଼ି ଯଦି କରୁ ଶ୍ରବଣ
ଶ୍ରଦ୍ଧାରେ ଶୁଝିବୁ ସଂସାର ଋଣ।

ଯିଏ ନଇଁ ଯାଏ ସନ୍ଥ ଚରଣ
ଯାତିରି ହେବାକୁ ନାହିଁ ବାରଣ।
ଗୁରୁଙ୍କ ରୂପରେ ଥାଏ ଗୋବିନ୍ଦ
ଆଉ ସବୁଠାରେ ଭରିଛି ଫାନ୍ଦ।

ଜୀବେ କୃପାକଲେ ପାଇବୁ ଗୁରୁ
କଣ୍ଠରୁ ତୋହର ଅମୃତ ଝରୁ।
ଶାସ୍ତ୍ର ପହଞ୍ଚାଏ ପ୍ରଜ୍ଞାର ନାବ
ସତ୍ ସଙ୍ଗ ଜଗାଏ ସାକ୍ଷୀର ଭାବ।

ଗୁରୁ କହିଥାନ୍ତି ସତ୍ୟର ଦ୍ୱାର
ଅନ୍ତରୁ ଶୁଣିବୁ ନାମର ସ୍ୱର।
ସେହି ହେବ ଗୀତା ସେହିତ ବେଦ
ନାମରେ ମଜିଲେ ନ ଦେଖୁ ଭେଦ।

ପରମ ପୁରୁଷ ନକସା ଦିଏ
ବାଟ ବତାଇଲେ ସଦ୍ ଗୁରୁ ହୁଏ।
ସାକାର ଗୁରୁ ଯେ ଗୋବିନ୍ଦ ତୋର
ନିରାକାର ଗୁରୁ ନାମ ଆଧାର।

ନାମ ଏକା ଜାଣ ସତ୍ୟର ପଥ
ଗୁହାରୀ କରଇ ତୋ ଜଗନ୍ନାଥ।
ନାମର ତ କୁଞ୍ଚି ଅଟେ ବିମାନ
ସବୁ ସାଧନାର ଅସଲି ଧନ।

ବୁଦ୍ଧଙ୍କ ଶରଣ ଧର୍ମର ବାଣ
ଜୀବିତ ଗୁରୁଙ୍କ ହେଲେ ଶରଣ।
ମାନବ ଜୀବନ ସଫଳ ହେଲା
ନିଜ ଶରୀରରୁ ନାମ ଶୁଣିଲା।

ସେହି ସଦ୍ ଗୁରୁ ଅଟନ୍ତି ପ୍ୟାର
ସୁମିରଣ କଲେ ଅତି ନିଜର।
ଭାଗ୍ୟ ଶାଳୀଙ୍କୁ ଯେ ମିଳେ ତା ପତ୍ତା
ସନ୍ଥଙ୍କର ସଙ୍ଗେ ଯୋଡ଼ିଲେ ନାତା।

ସେହିତ ଅଟଇ ଗୁରୁଙ୍କ ନିଧି
ସାଧକ ଜାଣଇ ସେ ପ୍ରତିନିଧି।
ସନ୍ଥଙ୍କର କଥା ନାମ ଗୋଟିଏ
ସତ୍ୟପାଇବାକୁ ଏକଲା ହୁଏ।

ଦୁଇଟି ମିଳିଲେ ଏକା ହୁଅଇ
ଯୋଗ ଦର୍ଶନରେ ଆନନ୍ଦ ଏହି।
ଉଭେଇ ଯାଏ ତା ସଂସାର ଧନ
ସବୁରି କାମରେ ହଜଇ ମନ।

ଅସଲି ଆନନ୍ଦ ବାହାରେ ନାହିଁ
ନିଜକୁ ଶୁଦ୍ଧିଲେ ବାଟ ମିଳଇ।
ସାଧନାର ରହସ୍ୟ ନିଜ ପାଖରେ
ସହଜ ସାଧିଲେ ପହଞ୍ଚେ ଧିରେ।

ବାହାର ଭୁଲିକି ଭିତରେ ଦେଖ
ଶ୍ରଦ୍ଧାରେ ଯୋଡ଼ିଲେ ଗୁରୁଠୁ ଶିଖ।
ପ୍ରତିଯୁଗରେ ଯେ ଗୁରୁ ଆସନ୍ତି
ନୂଆ ଘାଟ ଖୋଲି ନାବ ଖେଳାନ୍ତି।

ଖୋଜିବା ବାଲାତ ଭରସା ପାଏ
ଆଶ୍ରିତ ହୋଇଲେ ଉତୁରି ଯାଏ।
ଅବିଶ୍ୱାସୀ ରହେ ତା'ର ଜାଗାରେ
ଏଠୁ ସେଠୁ ବୁଲି ସଦା ସେ ମରେ।

ଗୁରୁଙ୍କର ସେବା ଅଟଇ ରଶି
ଭୁଲାଏ ଯିବାକୁ କାବା ଓ କାଶୀ।
ଗୁରୁଙ୍କ ଶ୍ରଦ୍ଧାରୁ ବରଷା ଧାର
ଝରଣା ଝରଇ ଯେ ନିରନ୍ତର।

ଯେ କରିପାରିଲା ସରଳ ପ୍ରୀତି
ଆଙ୍ଖାରୁ ଦେଖିଲା ଅକ୍ଷୟ ଜ୍ୟୋତି।
ଜ୍ୟୋତିରେ ନ ଥାଏ ତୁଳା ସଳିତା
ବିନା ତେଲରେ ଯେ ଜଳେ ବଳିତା।

ବିଧାତା ଜଣକ କରଇ ଯାହା
ଆଖି ଖୋଲିଗଲେ ଜାଣିବୁ ତାହା।
ତୃତୀୟ ନୟନ ଖୋଲିବା ଜାଣ
ଗୁରୁଙ୍କ ପରଶ ଭ୍ରୂକୁଟୀ କୋଣ।

ଜୀବନର ଦୁଃଖ ସୁଖ ତ ବିଷ
ବିଚାର ବେହୋସ ହୁଏ ବି ଶେଷ।
ଯେବେ ନ କରିବୁ ତୁ ଅଭିଯାନ
ସୂରଜ ଉଦୟ ହୁଏନି ଜାଣ।

ସବୁର ମୂଳରେ ଉର୍ଜାର ଖେଳ
ପ୍ରଭୁଙ୍କର ସଙ୍ଗେ କରଇ ମେଳ।
ହରିଙ୍କ ମିଳନ ହୁଅଇ ଥରେ
ପୂର୍ଣ୍ଣ ଗୁରୁଙ୍କର ଆଶ୍ରାକୁ ଧରେ।

ହସିବ ନାଚିବ ଗାଇବ ଗୀତ
ସବୁ ଆତ୍ମା ପ୍ରତି ହୋଇବ ପ୍ରୀତ ।
ବିକଶିତ ହେବ ଅନ୍ତରୁ ହସ
ପଙ୍କ ପୋଖରୀରେ କମଳ ରାସ ।

ନିଜର ଭିତରେ ସୀମା ନ ଥାଏ
ରାଜା ହେଉ ପଛେ ପ୍ରଜା ବି ସିଏ ।
ଯୋଗୀର ସୀମା ତ ଅଟେ ଅସୀମ
ସାଧକଟି ଚାହେଁ ବ୍ରହ୍ମର ଧାମ ।

ମୂଢ଼ ଖୋଜିବୁଲେ ତା ସିଂହାସନ
ସନ୍ଥ ଲାଗି ରହେ ଶୂନ୍ୟ ଆସନ ।
ଜୀବନ କରଇ ଶାନ୍ତ ଯାତରା
ଅମୃତ ପିଅଇ ସୁଷୁମ୍ନା ଦ୍ୱାରା ।

ସାଜିବ ଈଶ୍ୱର ଓ ନିରକାର
ଗୁରୁ ହୋଇଯିବ ତା'ର ଆକାର ।
ଶିଷ୍ୟ କରାଇବ ନିଜ ପ୍ରୀତିର
ପରମ ସତ୍ୟ ତ ନେବ ଆଧାର ।

ସନ୍ଥର ଆଶ୍ରାତ ଅହିଂସା ସତ୍ୟ
ଦେଖାଇ ଦିଏ ନି ନିଜର କୃତ୍ୟ ।
ଅକର୍ତ୍ତା ଭାବ ତୋ ଆସିବ ଯେବେ
ନିର୍ବିଷୟ ଚିତ୍ତ ଲାଗିବ ତେବେ ।

ଶିଷ୍ୟ ହୁଏ ସେହି ଛୁଏଁ ଚରଣ
ପୂର୍ଣ୍ଣତା କରାଏ ଜନ୍ମର ଋଣ ।
ଗୁରୁଙ୍କ ଦର୍ପଣେ ଗୋବିନ୍ଦ ଦେଖ
ଅନ୍ଧାର ଭିତରେ ଜ୍ୟୋତି ପରଖ ।

ବାହାର ଜଗତେ ନ ଥାଏ କିଛି
ବୀଣା ଶୁଭାଯାଏ ଅନ୍ତରୁ ବାଛି ।
ଶୂନ୍ୟର ଗୁମ୍ଫାକୁ ରାସ୍ତା ତ ଫିଟେ
ରଣୁଝୁଣୁ ବୀଣା ଆବାଜ ଛୁଟେ ।

ସେ ରାସ୍ତାର ନାହିଁ କିଛି ଆଧାର
ଜ୍ୟୋତି ଝରୁଥାଏ ତୋ ନିରନ୍ତର ।
ଦେଖିଲେ ଜାଣିବୁ ଭିତର ଭାବ
ପୂର୍ଣ୍ଣ ସମର୍ପଣେ ପାଇବୁ ନାବ ।

ଜାଣିବା ମୂଳରେ ସେହି ବିହନ
ବାଣ୍ଟି ଦିଏ ଗୁରୁ ରାମ ରତନ ।
ଅସଲି ଧନ ତ ଧ୍ୱନିରୁ ଜଣା
ଶାନ୍ତ ହୋଇଗଲେ ମିଳେ କରୁଣା ।

ସରଳ ବାଟରେ ଆସିବ ନାବ
ସହଜ ହୋଇଲେ ଜାଗିବ ଭାବ ।
ଭାବ ଶୁଦ୍ଧ ହେଲେ ଘଟିବ ଯୋଗ
ଅନ୍ତରୁ ଜାଗିବ ଶ୍ରଦ୍ଧାର ଭୋଗ ।

■

ଜୀବନ

ଯେଉଁଠି ଜଳୁଛି ସଦା ତ ନିଆଁ
ହେଉ ପଛେ ଅଗ୍ନି ଚିତାର ଧୂଆଁ ।
ସେ ହୋଇଥାଏ ତ ନମନ ଯୋଗ୍ୟ
ପରମ ସତ୍ତାର ଅଂଶକୁ ଲଭ୍ୟ ।

ଗୁଣିଜନ ସଦା ବିନମ୍ର ଥାଏ
ଯେପରି ଫଳନ୍ତି ବୃକ୍ଷଟି ସହେ ।
ଯେଉଁ ଗାଇ ଦିଏ ପ୍ରଚୁର କ୍ଷୀର
ତା' ଛୁଆ ପାଏନି ଅମୃତ ନୀର ।

ବଳଦ ଖଟୁଛି ଯେ ଦିନରାତି
କାହାପାଇଁ ସିଏ ଯାଏ ତ ମାତି ।
ମାଲିକ ଡାକରେ କରଇ କାମ
ମନୁ ଭୁଲିଯାଏ ସଂସାର ଦାମ ।

ବୁଢ଼ା ହୋଇଗଲେ କଂସେଇ ନିଏ
ମୃତ୍ୟୁ ପାଇବାକୁ ଶୂଳୀକୁ ଯାଏ ।
ସଂସାର ଗୋଟିଏ କଷଟି ଶାଣ
ସବୁ ଭୁଲି ତୁହି ନିଜକୁ ଜାଣ ।

ନିଜକୁ ଜାଣିଲେ ସବୁ ଜିତିବୁ
ସହଜ ସ୍ଥିତିରେ ଲୟ ରଖିବୁ ।
ନିଜକୁ ସହଜି ସମାଧି ସାଧ
ଅନୁଭବ ହେବ ସଦା ତୋ ବେଦ ।

ବେଦ ତୋ ଅଟଇ ସତ୍ୟାନୁଭବ
ସବୁ ଋଷିଙ୍କର ଏହି ତ ଭାବ ।
ଭାବ ଶୁଝି ହେଲେ ବୁଦ୍ଧ ହୋଇବ
ହୋସରେ ଥାଇକି ମୃତ୍ୟୁ ପାଇବ ।

ଜୀବିତାବସ୍ଥାରେ ରହସ୍ୟ ଜାଣ
ସଂସାର ବିଷରୁ ମୁକୁତା କିଣ ।
ସବୁକୁ ସହଜ କରିବା ବାଲା
ଅନ୍ତର ଯାହାର ହୁଏ ତା ଖୋଲା ।

ଖୋଲା ହେଲେ ତୋର ଅନ୍ତର ବାସ
ସୁମିରଣୁ ଶୁଭେ ଶୂନ୍ୟର ହସ ।
ସେ ହସ ମୂଳରେ ଗୁରୁ କୁରୁପା
ଜୀବନ ଅଟଇ ନିଜ ସ୍ୱରୂପା ।

ଜୀବନ ଯାତ୍ରାକୁ ଭଲକି ଦେଖ
ଅନ୍ୟର କଷ୍ଟରୁ ସହିବା ଶିଖ ।
ଶିଖିବା ମୂଳରେ ସତ୍ୟର ଦ୍ୱାର
ଗୁରୁ ଦେଖାଦିଏ ସାକ୍ଷୀ ରୂପର ।

ବାହାରେ ନ ଥାଏ କମ୍ପନ ସ୍ୱର
ଶରୀର ଅଟଇ ମନ୍ଦିର ତୋର ।
କମ୍ପନ ଆସିଲେ ନ ହୁଏ ବ୍ୟସ୍ତ
ଅକମ୍ପ ସ୍ଥିତିକୁ ବୁଝାଏ ସ୍ୱାସ୍ଥ୍ୟ ।

ସ୍ୱାସ୍ଥ୍ୟବାନ ନୁହେଁ ମୋଟା ତାଗଡ଼ା
ସୂକ୍ଷ୍ମ ଯାତ୍ରା ପାଇଁ ନାହିଁ ଝଗଡ଼ା ।
ଜାଣିବାର ଶୈଳୀ ଅଟେ ତ ଖୋଲା
ଅନ୍ତର ଯାତ୍ରାରେ ନ ଥାଏ ତାଲା ।

ଝରଣାଟି ଯେବେ ଝରୁ ତ ଥିବ
ଅଟକିବା ଆଶା ତା'ର ନ ଥିବ ।
ପହଞ୍ଚିବା ପାଇଁ ନ ରଖ ଆଶ
ଆଗକୁ ଚାଲିଲେ ମିଳଇ ବାସ ।

ବାସ ଯେ ଗୋଟିଏ ଶୂନ୍ୟର ଘର
ଗୋବିନ୍ଦ ଅଟଇ ମାଲିକ ତା'ର ।
ଭବିଷ୍ୟତ କଥା କାହାକୁ ଜଣା
ବର୍ତ୍ତମାନରେ ତୁ ହେବୁନି ବଣା ।

ଭରସା ସହିତ କର ମଉଜ
ବିଶ୍ୱାସ ରଖିଲେ ହେବ ସହଜ ।
ସପନକୁ ଛାଡ଼ି ସତ୍ୟର ମେଳ
ଗୁରୁ କୃପାକଲେ ହଜଇ କାଳ ।

ପ୍ରତିକ୍ଷଣକୁ ଯେ ସ୍ୱାଗତ କରେ
ପହଞ୍ଚି ଯାଏ ସେ ଗୁପତ ପୁରେ ।
ଦୁଃଖେ ସୁଖେ ଯା'ର ନଥାଏ ଭେଦ
ସଂସାର ସାଗରୁ ପାଏ ସେ ବେଦ ।

ଯାହା ପାଇଗଲେ ନ ଭାବେ ବେଶୀ
ସଦା ସହଜିଲେ ରହିବୁ ଖୁସି ।
ଫୁଲଟି ସହିତ କଣ୍ଟା ବି ଥାଏ
ତୋଳିବାକୁ ଗଲେ ରକତ ବହେ ।

କଷ୍ଟ କଥା ଭାବି କାମ ନ ଛାଡ଼
ରକତ ନ ଦେଖି ମୂଳରେ ଯୋଡ଼।
ଦୁଃଖ ସୁଖ ସବୁ ଗୋଟିଏ କଥା
ପୁରୁଷାର୍ଥ କଲେ ହଜେ ତା ବ୍ୟଥା।

କାହିଁକି କାନ୍ଦୁଛ ଲୁହ ଗଡ଼ାଇ
କେହି ପାଇନାହିଁ ଆଶାକୁ ନେଇ।
କାନ୍ଦକୁ ଭୁଲିକି ହସିବା ଶିଖ
ପୂର୍ଣ୍ଣ ସ୍ୱୀକାରରୁ ଅମୃତ ଚାଖ।

ପ୍ରତିକ୍ରିୟା କେବେ କରିବ ନାହିଁ
ପ୍ରତିଶୋଧ କଥା ଭୁଲିବୁ ତୁହି।
ଆନନ୍ଦ ଉମଙ୍ଗ ଦୁହିଙ୍କୁ ନେଇ
ଜୀବନ ଅଟଇ ଚଳନ୍ତି ନଈ।

■

ଲୀଳା

ସବୁର ଲୀଳା ଯେ ଏହି ସଂସାର
ମଣିଷ ଖେଳନ୍ତି ସଦା ବାହାର ।
ଖେଳିଲେ ରହିବ ଜିତିବା ହାର
ଶିଖାଏ କିଛିକୁ ଯେ ହୁସିଆର ।

ହୋଇ ନ ପାରିଲେ ସଜାଗ ତୁହି
ହତାସ ଜୀବନ କଟିବ ଭାଇ ।
ଜୀବନ ପାଠକୁ ପଢ଼ିବା ହେଲେ
ନିଦ୍ରାକୁ ଭୁଲିକି ଜଗିବ ପିଲେ ।

ଅସ୍ତିତ୍ୱ ସଦା ଯେ ରହେ ଅନାଇ
ସତ୍ୟ କର୍ମପାଇଁ ଆସଇ ସେହି ।
ମୁରଖ ବୁଝେନି ଅସଲି କଥା
ସଦା ଯୁକୁତିରେ ଭରଇ ମଥା ।

ପ୍ରଫୁଲ୍ଲ ରହିଲେ ଅମୃତ ଝରେ
ସ୍ୱୀକାର ସାଧିଲେ ସହିବା ଭରେ ।
ଯାହା ମିଳେ ଖାଇ ଖୁସିରେ ରୁହ
ପରମ ସ୍ୱାଦକୁ ଲଭିବା ଚାହଁ ।

ସବୁର ଗହୀରା ସ୍ଥିତିକୁ ଯାଇ
ଶ୍ରବଣ ପାଇବୁ ଗୋବିନ୍ଦ ତୁହି।
ସମସ୍ତେ ଧାଆଁନ୍ତି ମାୟାର ପଛେ
ଶୀତଳ ବଦଳେ ହତାସ ରଚେ।

ବାହାରକୁ ଦେଖି ନିର୍ଣ୍ଣୟ ନିଏ
କିଛି ନ ମିଳିଲେ ଭୟ ସେ ପାଏ।
ଯେବେ ଭିତରକୁ ଦେଖିକି ଶୁଏ
ମୃତ୍ୟୁ ଭୟ ତାର ପାଖେ ନ ଯାଏ।

ମରଣ ଜୀବନ ଫରକ ନାହିଁ
ସବୁତ ବଦଳେ ବିକାଶ ପାଇଁ।
ବିଜ୍ଞାନ ମୂଳରେ ସୂତ୍ର ଅନେକ
ଧାର୍ମିକ ପଥରେ ଯାତ୍ରାତ ଏକ।

ଏକା ଯାତ୍ରା କଲେ ଭିତରେ ଯିବ
ସ୍ୱୟଂ ସଙ୍ଗେ ମିଶି ଏକାତ ହେବ।
ଗୌତମ କହନ୍ତି ଭିକ୍ଷୁଏ ଶୁଣ
ସୁଖ ଓ ଦୁଃଖର ମୂଳକୁ ଜାଣ।

ସ୍ୱୟଂକୁ ଭୁଲିକି କର୍ତ୍ତା ଯେ କହେ
କିଛି ପାଏ ନାହିଁ ଦୁଃଖକୁ ସହେ।
ହୁଏ ମନ ଯା'ର ଅଶାନ୍ତ ସଦା
ସୁଖ ତା ଭାଗ୍ୟରୁ ହୁଅଇ ବିଦା।

ଯେପରି ଶଗଡ଼ ଚକା ତ ଚାଲେ
ତା'ର ପଛେ ପଛେ ରାସ୍ତାକୁ ଭୁଲେ।
ମନ ଖୁସିଥାଇ ଚାଲିବା ଜାଣ
ପରମ ସଙ୍ଗୀତ ଅନ୍ତରୁ ଶୁଣ।

ସାରା ଜଗତରୁ ମାୟା ତୁଟିବ
ବାହାର ସଂସାରୁ ଭୟ ହଟିବ।
ଜୀବନର ଖେଳ ଚାଲଇ ସଦା
କେବେ ଆସେ ହାର କେବେ ତ ବିଦା

ଖୁସିରେ ଗାଇବୁ ସଦା ସଙ୍ଗୀତ
ଦୁଃଖରେ ବାହୁନି ହୁଅନି ମିତ।
କରିବା ବାଲା ସେ ଏକଲା ଜଣେ
ସଂସାର ନଚାଇ ବାନ୍ଧିବା ଜାଣେ।

ଯାହା ଆଖିଦେଖେ ସବୁ ତ ମାୟା
ବାହାରୁ ଶୁଣିଲେ ହେବୁ ତୁ ବାୟା।
ଚେତନା କେବଳ ଅଟେ ଅମର
ଶରୀର ଭିତରେ ଏକା ଈଶ୍ୱର।

କାମ ଯିଏ କରେ ମନକୁ ମାନି
ପରାଧୀନ ହୁଏ ଶୁଣେନି ଧ୍ୱନି।
ସମସ୍ୟା ଆସଇ ଜୀବନେ ତୋର
କ୍ଷଣିକ ସ୍ଥିତିରେ ସାଧନା କର।

ସମାଧାନ ହୁଏ ସମାଧି ଗଲେ
ଔଷଧି ପାଇବ ମଉନ ହେଲେ।
ମଉନ ରହିଲେ ହୋଇବ ସ୍ଥିର
ଅକମ୍ପ ଠାବ ତା ଧ୍ୟାନର ଦ୍ୱାର।

ରୋଗ ଆସିଗଲେ ଔଷଧ ମିଳେ
ନିଷ୍ ପ୍ରୟାସ ହେଲେ ସମାଧି ଖେଳେ।
ଶରୀର ମିଶିବ ଜାଣିବ ଦିନେ
ମମତା ତୁଟିବ ତୁମରି ମନେ।

ମାୟା ହଜିଯିବ କାୟା ନ ଥିବ
ଚେତା ଚାଲିଯିବ ବେହୋସ ଭାବ।
ପବନ ହଜାଏ ବାଦଲ ମାନ
ତୃଷ୍ଣାକୁ ହଜାଏ ଶୂନ୍ୟର ଗାନ।

ମନ ହୋଇଯାଏ ରାଧା ସମାନ
ମୁରଲି ଶୁଭଇ ଯେ ଘନ ଘନ।
ଶୂନ୍ୟ ମନେ ସଦା ମିତ୍ରତା ରହେ
ନାମ ଶୁଣୁଥିଲେ ଜାଗ୍ରତ ହୁଏ।

ସବୁ ମିଶିଯାଇ ଏକା ହୋଇବ
ସ୍ୱୟଂରୁ ଆନନ୍ଦ ନିଜେ ପାଇବ।
ପାଇବା ବାଟରେ କରଇ ଲୀଳା
ଉତ୍ସବ ସହିତ ଆନନ୍ଦ ଖେଳା।

ଶୀଳ

ମଧୁର ବଚନ ଯେ କହୁଥିବ
ଭିତରୁ ଉଇଁବ ସତ୍ୟର ଭାବ।
ନକହିବୁ ତୁହି ଅଧିକ ବାକ୍ୟ
ସନ୍ତୁଳନ ହେବ ଯା ଆବଶ୍ୟକ।

ଲକ୍ଷ୍ୟରେ ପହଞ୍ଚେ ଶବ୍ଦ ଗୋଟିଏ
ଅଯଥା ଧରାଏ ଶାସ୍ତ୍ର କୋଟିଏ।
ମୌନଠାରୁ ବ୍ରତ ନାହିଁ ସଂସାରେ
ସାକ୍ଷୀଭଳି ଧ୍ୟାନ କି ହୋଇପାରେ।

ହୁଅଇ ଯେ ଶୀଳ ଓ ସଦାଚାର
ଶବ୍ଦ ଘୋଷା ଜ୍ଞାନ ନୁହେଁ ଆଧାର।
ହିଂସା ଭୟ ଅଭିମାନ ତା ଦୋଷ
ରାବଣ ହୋଇକି ଯୁଦ୍ଧରେ ଫଶ।

ମନେରଖ ରାମ ସଦା ବିଜୟୀ
ପ୍ରେମକୁ ଛାଡ଼ିଲେ ଜୟ ବା କାହିଁ।
ଧୈର୍ଯ୍ୟ ବଢ଼ାଏ ତ ସହନ ଶକ୍ତି
ସ୍ଥିର ଚିତ୍ତ ଯାତ୍ରା ବଢ଼ାଏ ଭକ୍ତି।

ଯଦି ମତଭେଦ ରହେ ଗତିରେ
ନ ବୁଝିବା ତ୍ରୁଟି ଥାଏ ସେଥିରେ।
କହିବାର ଢଙ୍ଗ ଖରାପ ହେଲେ
ଆଗାମୀ ଭାଷାର ପସରା ମେଲେ।

ତୁଳନା ଛାଡ଼ିଲେ ହୋଇବ ଠାବ
ସ୍ଥିର ହେବ ଚିତ୍ତ ଏଥର ଭାବ।
ଜାଗରଣ ହେଲେ ଅନ୍ତର ଶୋଭା
ଉତ୍ତେଜିତ ହୁଏ ନାହିଁ ତା ଆଭା।

ଶୀତଳ ଆଭାର ସୁନ୍ଦର ପ୍ରୀତି
ଅନ୍ତରେ ଭରାଏ ଅଖଣ୍ଡ ଜ୍ୟୋତି।
ସେ ଜ୍ୟୋତିର ନାହିଁ ତେଲ ବଳିତା
ଆପେ ଜଳୁଥାଏ ଥାଇ ବିଧାତା।

ଦୃଷ୍ଟି କୋଣ ଯେବେ ଭ୍ରମକୁ ଯାଏ
ବାହାରେ ମେଲିକି ଭିତରେ ଖାଏ।
ଅନ୍ତର ବାହାର ଅଶୁଦ୍ଧ ହେବ
ଜୀବନ ଯାତ୍ରାକୁ ଧ୍ୱଂସ କରିବ।

ସମ୍ୟକ ଦୃଷ୍ଟିକୁ ପ୍ରଥମେ ଭାବ
ଅକମ୍ପ ସ୍ଥିତି ଯେ ଚେତନା ହେବ।
ଚେତନା ଜାଗିଲେ ଉର୍ଜା ଚେତିବ
ଚିନ୍ତା ଶୂନ୍ୟ ହେଲେ ଧ୍ୟାନ ଲାଗିବ।

'ହଁ' ବଦଳାଏ ଜୀବନ ଶୈଳୀ
ନାଁ ବଖାଣିଲେ କରାଏ କଳି।
ଧୀରସ୍ଥିର ହୋଇ ଶୁଣିବୁ ତୁହି
ସ୍ୱାଭିମାନ ଯିବ ମୁକତି ପାଇ।

ଶୀଳ ପୁରୁଷର ନାହି ବିକଳ୍ପ
ନିଜର ଭରସା ଦିଏ ସଂକଳ୍ପ।
ସଚ୍ଚା ଶବଦକୁ ଶୁଣିବା ଶିଖ
ଅନ୍ତର ଗୁମ୍ଫାରୁ ଆଲୋକ ଦେଖ।

ନିଜେ ସୃଷ୍ଟି କଲେ ନାମ ନୁହଁଇ
କିଛି କ୍ଷଣ ପରେ ହଜେ ବା ସେହି।
ଅସଲି ଶବଦ ବାଜଇ ବାଜା
କମ୍ପନ ସପନ କରାଏ ବିଦା।

ସାକ୍ଷୀ ଭାବଥାଇ କରାଏ ଯାତ୍ରା
ହୋସପୂର୍ଣ୍ଣ ରହି ଧରିବା ମାତ୍ରା।
ଜୀବନୁ ଭୁଲିବ ବାସନା କାମ
ଆପେ ମିଶି ଯିବ ସହିତ ରାମ।

ରାମନାମ ନୁହେଁ ନିଜର ଜପା
ଅଜପା ଶ୍ରବଣେ ମିଳେ କୁରୁପା।
ବୃକ୍ଷଲତା ଠାରୁ ସହିବା ଶିଖ
କିଛି ନ ଚାହିଁକି କର୍ମରେ ଲାଖ।

କର୍ମଫଳ ମିଳେ ସଦା ଅବଶ୍ୟ
ସନ୍ତୋଷ ସହିତ ସ୍ୱୀକାର ରସ।
ତେବେ ଆରମ୍ଭିବ ତୋର ଯାତରା
ଶୁଣୁଶୁଣୁ ରାଧା ହୁଅଇ ଧାରା।

ନିଜ କରାମତି ଶୁଣାଅ ନାହିଁ
ଅନ୍ୟର ଖିଆଲ ରଖିବ ସେହି।
ଦୁଧ ଦହି ଘିଅ ମିଳିଲେ ଖାଅ
କିଛି ନ ମିଳିଲେ ଶୋଇ ତ ଯାଅ।

ସବୁଥିରେ ଥାଉ ପ୍ରଭୁଙ୍କ ଭାବ
ଆନନ୍ଦ ଉତ୍ସବେ ଲାଗିବ ନାବ।
ବଂଶୀର ସ୍ୱର ଯେ ଆପେ ଶୁଭିବ
ଅସରନ୍ତି ଧାର ଧ୍ୟାନେ ଜାଗିବ।

ହଜିଯିବ ତୋର ସଂସାର ଖେଳା
ସ୍ୱୟଂ ଦେଖୁଥିବୁ ଗୋବିନ୍ଦ ଲୀଳା।
ସେ ଲୀଳାର ନାହିଁ ଦ୍ୱୈତର ଭାବ
ନିଜେ ଶୁଦ୍ଧି ହେଲେ ଜାଣିବୁ ଶିବ।

ହୃଦୟେ ଭରିଲେ ପ୍ରେମର ଝର
ସମାଜରୁ ଗାଳି ମିଳିବ ତୋର।
ଭ୍ରୂକ୍ଷେପ ନ କରି ଆଗକୁ ଯିବ
ପାଇବା ଆଶାକୁ ମନୁ ପୋଛିବ।

ଶୂନ୍ୟହେଲେ ମନ ଶୁଭ ସୂଚନା
ଶୀଳବାନ କରେ ସଦା ପ୍ରାର୍ଥନା।

■

ମୈତ୍ରୀ

କିଏ ଭାବେ ନିଜେ ସମ୍ୟକ ପରା
କିଏ ଭୁଲ୍ କରେ ଜୀବନ ସାରା ।
କିଏ ଚିନ୍ତା କରି କରି ସେ ମରେ
କିଏ ସେବା କରି ସଦା ସେ ତରେ ।

କିଏ ପ୍ରେମ ଲୀଳା କରି କି ଖେଳେ
କିଏ ଖଳନାୟକରେ ବି ଜଳେ ।
ମୂଢ଼ ରସନେବା ପାଇଁ କି ମାତେ
ପ୍ରତିଭାବାନ ଯେ ନମନେ ଜିତେ ।

ଅସମ୍ୟକ ବ୍ୟକ୍ତି ଅସ୍ଥିରେ ବସେ
ସନ୍ଥ ସବୁଜାଣି ଶୁଣିକି ହସେ ।
ଦୁର୍ଜନ ଚାଲେ ତା ଛାତି ଦେଖାଇ
ସାଧୁ ସହିଯାଏ ମଥାକୁ ନଇଁ ।

ସଂସାର ଲୀଳାରେ ଯେ ମାତିଥାଏ
ବ୍ୟର୍ଥ ଚରଚାରେ ଦିନ ହଜାଏ ।
ପ୍ରକୃତି ଅଟଇ ପରିବର୍ତ୍ତନ
କ୍ଷଣକେ ଘଟାଏ ଯେ ଶୂନଶାନ ।

ଏହିତ ଅଟଇ ସୃଷ୍ଟିର ଗୁଣ
ଜଗନ୍ନାଥ କହେ ଆଧାତ୍ମ ଶୁଣ ।
ସବୁ ଦୁଃଖ ସୁଖ ସହିଲେ ଛାତି
ମୋହ ଆପେଆପେ ଯିବରେ ପୋତି ।

ସ୍ୱୟଂର ଚେତାକୁ ଜଗିବା ରାଜ
କେବଳ ନାମକୁ କରିଲେ ଭଜ ।
କିଛି ଛାଡ଼ିବୁନି ତୁ ଅଧା ଅଧା
ଅଭିବାଦନରେ ଦେବୁ ତୁ ବିଦା ।

ଜୀବନ ଦରଦ ସଦା ତୁ ଭୁଲ
ଅନ୍ତରୁ ସରିତା ନିଜେ ତୁ ଖୋଲ ।
ହସହସ ମୁହଁ କରିବା ଜାଣ
ନମନ କରିକି ସବୁକୁ କିଣ ।

ହାରି ଶିଖିଲେ ତୁ ଜାଣିବୁ ସତ୍ତା
ସେହି ବତାଇବ ମୁକତି ପତା ।
ଶ୍ରେଷ୍ଠ ଆଜି ତୁଚ୍ଛ ଯେ ହୋଇ ପାରେ
ନିର୍ଦ୍ଦୋଷ ହୋଇ କି ଦୋଷରେ ମରେ ।

କିଏ କାରାଗୃହେ ରହି ବି ପାରେ
ମୁକ୍ତ ଆକାଶକୁ କିଏ ବି ଧରେ ।
କିଏ ଯେ ଭାଷଣ ବାଜିକୁ ମାରେ
କିଏ ମଉନରେ ରହି ବି ଜରେ ।

ଯିଏ କେବେ ଦିଏ ନାହିଁ ଯେ ଭୀତ
ସିଏ ହୁଏ ସମସ୍ତଙ୍କର ମିତ ।
ପ୍ରତିକ୍ରିୟା ହଜେ ସଦା ଯାହାର
ବିଚାର ନିଷ୍କ୍ରିୟ ହୁଏ ତାହାର ।

କଥାର ଧାରାକୁ ବଢ଼ାଏ ଯିଏ
ଶୁଦ୍ଧ ପ୍ରେମ ରାସ୍ତା ହରାଏ ସିଏ ।
ମୈତ୍ରୀର ଭାବନା ଜାଗଇ ଯାର
ତଥାତାର ନାମ ଲାଗେ ତାହାର ।

ନିଜର ଧର୍ମକୁ ଅକର୍ମ ଧରେ
ପୂର୍ଣ୍ଣ ବିଶ୍ରାମରେ ସଦା ସେ ମରେ ।
ପ୍ରତି ଆତ୍ମାରେ ଜାଣେ ତା ସତ୍ତା
ପ୍ରତି କ୍ଷଣିକରେ ପୋତେ ବି ମଥା ।

ନମ୍ରତାର ଭାବ ଜାଗଇ ଧିରେ
ମିତ୍ରତାର କଳା ଛୁଟେ ଆଗରେ ।
ଶୁଣଇ ଯେ ସଦା ସେ ସୁମିରଣ
ସେହି ପାଇଯାଏ ପ୍ରଭୁଙ୍କ ଗୁଣ ।

ଶୂନ୍ୟ ହୋଇଥାଏ ତା ଅହଂକାର
ପୂର୍ଣ୍ଣତା ଅଟଇ ତାର ଆଧାର ।
ଯେବେ ହୋସପୂର୍ଣ୍ଣ ହୁଏ ତା' ମନ
ଚୂର୍ଣ୍ଣ ହୋଇଯାଏ ନିଜର ମାନ ।

ନିର୍ମଳ କରାଏ ତା ଦରବାର
ଅନ୍ତରୁ ଶୁଭଇ ନାମର ସ୍ୱର ।
ବିରାଟ ଅସ୍ତିତ୍ୱ ଶୂନ୍ୟର ରୂପ
ସେହି ଯେ ଅଟଇ ଅସଲି ଜପ ।

ଉପଦେଶ ଦିଏ ନାହିଁ ସୁତର
ମଉନ ରହିଲେ ଦେଖିବୁ ପୀର ।
ବାଦ ବିବାଦକୁ ଭୁଲିବା ସଦା
କ୍ରୋଧ ହୋଇଯିବ ଆପେରେ ବିଦା ।

ସରଳ ସ୍ଥିତିରେ ରଖିବ ଲୟ
ପାଖରୁ ହଜିବ ସମାଜ ଭୟ।
ମିତ୍ର ଭାବ ଭୁଲି ତର୍କ ଯେ କରେ
ଅହଂକାର ମାନ୍ୟତାକୁ ସେ ଧରେ।

ନିଜ ଅପରାଧ ସଦା ସେ ଜାଣେ
ଲୁଚାଇ ରଖଇ ଗୁପତ କୋଣେ।
ଶୋକ ସନ୍ତାପକୁ ଧରିକି ଚାଲେ
ସତ୍ୟ ଆଚରଣ ସଦା ସେ ଭୁଲେ।

ଦୋଷ କରି ଯେବେ କର ସ୍ୱୀକାର
ନିର୍ଦ୍ଦୋଷ ଭାବନା ଦିଏ ଆଧାର।
କ୍ଷମାକରି ବିଷ ପାନ ତୁ କର
ଆନନ୍ଦ ପାଇକି ଧ୍ୟାନକୁ ଧର।

ଧରିବା ମୂଳରେ ଶୂନ୍ୟାଭିମାନ
ବିକଶିତ ହେବ ଆତ୍ମାର ଜ୍ଞାନ।
ମିତ୍ରକୁ ବେଭାର ଏପରି କର
ଯେପରି ଅତିଥି ଘରେ ସତ୍କାର।

ଯାହା ଥିବ ଦେଇ ସନ୍ତୋଷ କର
ଆଚରଣ ହେବ ସବୁର ଦ୍ୱାର।
ଗଲାବେଳେ ତାକୁ ବିଦାୟ ଦେବ
ପୁଣି ଆସିବାକୁ ହାତ ଯୋଡ଼ିବ।

କଳୁଷିତ ହେଲେ ମିତ୍ର ବେଭାର
ବଦଳାଇ ଦିଅ ରାସ୍ତା ନିଜର।
ଅସ୍ତିତ୍ୱ ଜଣାଏ ବାସ୍ତବ କଥା
ତୁମେ ଭୁଲିଯିବ ବନ୍ଧୁର ବ୍ୟଥା।

ଶୂନ୍ୟ ମନନେଇ ଚାଲେ ଯେ ନର
କ୍ଷମା ଭରିଯାଏ ତା'ର ଅନ୍ତର।
କାମ ଓ ବାସନା ହୁଅଇ ଶାନ୍ତ
ପ୍ରତିଶୋଧ ଇଚ୍ଛା ହଜେ ଏମନ୍ତ।

ଯେବେ ସମ୍ୟକର ପରଶ ପାଅ
ପ୍ରଭୁ ଆଚରଣ ବୋଲି ତୁ କହ।
ଯଦି କେହି ଦିଏ ଯେ ଅପମାନ
ଅହଂକାର ଜାଣେ ତା ଅଭିଯାନ।

ଆଘାତ କରାଏ ଅନ୍ତରେ ତୋର
ନିଜ କରାମତି ଦେଖାଇବାର।
ସବୁ ପ୍ରତିକୂଳ ଭାବର ମୂଳ
ନିର୍ଦ୍ୱନ୍ଦ ହୋଇଲେ ସବୁ ଅଟଳ।

ଜୀବନ ଯାତରା ହେଲେ ବେରଙ୍ଗ
ଅସମ୍ୟକ ହୁଏ ନିଜର ସାଙ୍ଗ।
ହିଂସା ରାଗ ଦ୍ୱେଷ ଘେରି ରହିଲା
ନିଜ ଫାଇଦାକୁ ଦେଖି ଚାଲିଲା।

ଭଲ ଫଳ ଯେବେ ତା କରାମତି
ମନ୍ଦ ହେଲେ ବନ୍ଧୁ ହୁଅଇ ଇତି।
କ୍ଷମା ଠାରୁ ଅସ୍ତ୍ର ନାହିଁ ଜଗତେ
ଶାନ୍ତ ଠାରୁ ଶାସ୍ତ୍ର ନାହିଁରେ ସତେ।

ଷଡ଼ରୀପୁ ସବୁ ଯେବେ ନ ହଜେ
ମହାଭାରତର ଆଶଙ୍କା ବିଜେ।
ନିରପକ୍ଷତାକୁ ସ୍ୱାଗତ କର
ପ୍ରଭୁକୃପା ବୋଲି କର ସ୍ୱୀକର।

କାମକୁ ଧରିଲେ କ୍ରୋଧ ବଢ଼ିବ
କ୍ଷମା ଭୁଲିଗଲେ ଶାନ୍ତି ହଜିବ।
ଦ୍ୱେଷ ଭାବ ହେବ ଯେ ଦୁର୍ଯ୍ୟୋଧନ
କୁରୁକ୍ଷେତ୍ର ହେବ ତୋ ନିମନ୍ତ୍ରଣ।

ଶେଷରେ ଲୋଟିବ ସାରା ସଂସାର
ବିଜୟ ପାଇବ ପାଣ୍ଡବ ତୋର।
ମଣିଷ ହୋଇଲା ଆଜି ବିଷାକ୍ତ
ଭୁଲିଯାଏ ସଦା ନିଜର ରକ୍ତ।

ବିବେକ ହଜାଇ କର୍ତ୍ତା ସାଜନ୍ତି
ଜନ ସାଧାରଣେ ଭୟ ଦେଖାନ୍ତି।
ପରିବାର ଭାଙ୍ଗି ଛୋଟିଆ ହେଲା
ଏକା ଏକା ହେଲେ ପ୍ରେମ ହଜିଲା।

ସଂସାରୀ ବେଭାର ଯେ କଣ୍ଟା ପରି
ଜବାବ ଦିଏ ସେ ପ୍ରେମ ନ ଧରି।
ନିଜର ମଣିଷ ପ୍ରହାର କଲା
ଶୂନ୍ୟ ପୁରୁଷ ଯେ ସବୁ ଦେଖିଲା।

ଶହେ ଟପିଗଲେ ଗଉଣି ପୁରେ
ଉଛୁଳିଲେ ପାପ ଆପେ ତ ମରେ।
ପ୍ରତିଟି ଦୋଷକୁ କ୍ଷମାତୁ କର
ପ୍ରତି ବୁଦ୍ଧ ପାଖେ ଶରଣ ଧର।

ପ୍ରତି ସକାଳକୁ ନମସ୍କାର
ପ୍ରତି ସଂଧ୍ୟାଟିକୁ ଧନ୍ୟରେ ଭର।
ପ୍ରତି ଶ୍ୱାସ ହେବ ହୋସର ସ୍ୱର
ପ୍ରତି ପରିସ୍ଥିତି ଦେବ ସ୍ୱୀକାର।

ଜୀବନ ଯାହାର ସରଳ ହେବ
ସହଜେ ଲଭିବ ଅନ୍ତରେ ଭାବ ।
ସୁଖ ଦୁଃଖ ସବୁ ଏକା ହୋଇବ
ଅନ୍ତର ପ୍ରଜ୍ଞା ତା ଶୋଭା ପାଇବ ।

ତେବେ ସେ ଜୀବନ ସାର୍ଥକ ହେବ
ଏଇତ ମୈତ୍ରୀର ଅସଲି ଭାବ ।
ଅଜଣାରେ ହିଂସା ଯେବେ ଆସିଲା
ମଧୁର ସମ୍ବନ୍ଧ ରସ ପିଇଲା ।

ଝାଡୁକଲେ ପୋକ ମରେ ଆପେରେ
ଦିନେ ହେଲେ ଭାବେ ନାହିଁ କେହିରେ ।
ଦେଖେ ନାହିଁ କେହି ସୂକ୍ଷ୍ମ ଶକତି
ସ୍ଥୂଳତାରେ ତାକୁ ଭାବେ ଆସକ୍ତି ।

ଯେବେ ପ୍ରକଟିଲା ପ୍ରେମର ଭାବ
ମିତ୍ରତା ଦେଖିବ ସତ୍ୟର ଶିବ ।
ଆକର୍ଷଣ ହେବ ସମାନ ପ୍ରୀତି
ଭୁଲିବ ମାନବ ସମାଜ ରୀତି ।

ସବୁ ଏକ ପ୍ରେମେ ହୋଇବେ ଯୋଡ଼
ଶ୍ରେଷ୍ଠତମ ହେବ ପ୍ରୀତିର ମୋଡ଼ ।
ସନମାନ ଯେବେ ସଭିଙ୍କୁ ଦେବୁ
ମୈତ୍ରୀ ହାତ ସଦା ବଢ଼ାଇଥିବୁ ।

ଦୁର୍ଜନତା ହଜି ବନ୍ଧୁତା ଆସେ
ସଜ୍ଜନତା ସଭି ରୂପରେ ହସେ ।
ପ୍ରେମ ସ୍ନେହ ଶ୍ରଦ୍ଧା ଭକ୍ତିର ମିତ
ସଦ୍ ଗୁରୁ ହେଲେ ଗୋବିନ୍ଦ ପୁତ ।

ଗୁରୁ ପ୍ରୀତି ହେଲେ ସାଧନା ଜାଗେ
ଅନ୍ତର ସାଗରେ ସମାଧି ଲାଗେ।
ଏକାକାର ହେବ ପରମ ଜୀବ
ସମାଧାନ ହେବ ସମସ୍ୟା ଭାବ।

ଭାବର ଶୂନ୍ୟରେ ଲାଗେ ସମାଧି
ଗୋବିନ୍ଦ କୃପାରୁ ଘଟେ ସମ୍ବୋଧି।
ସମ୍ବୋଧି ଘଟିଲେ ଉଦୟେ ଜ୍ଞାନ
ଅପ୍ରୀତି ଭାବନା ହୋଇବ ଶୂନ।

ଅକୁଣ୍ଠିତ ପ୍ରେମ ଝରିବ ଜାଣ
ନିର୍ବିଷୟ ହେବ ମନ ଯେ ପୁଣ।
ନିର୍ମଳ ନିଷ୍କାମ ଓ ଅଭିଯାନ
ସବୁଙ୍କୁ ଜୁଟାଏ ମୈତ୍ରିର ଦାନ।

ପୁରୁଷାର୍ଥ

ନିଜର ଭାଗ୍ୟକୁ ନିଜେ ଲେଖିଯାଉ
ସମୟ ଯାଉଛି ବହି,
ହାତଲେଖାଟିକୁ ନପଢ଼ି ପାରୁ ତୁ
ଲିଭି ଯାଉଅଛି ସେହି ।

ନିୟତି ପଛରେ କେତେଦିନ ଆଉ
ଧାଉଁଥିବୁ ମନ ନେଇ,
ନିଜର କର୍ତ୍ତବ୍ୟ ପୁରା ଭୁଲିଯାଇ
ଫଳକୁ ଯୋଡୁଛୁ ତୁହି ।

କର୍ମ ଯେବେ ତୁହି ଯାହା କରୁଥାଉ
ପଛେ ପଛେ ଆସେ ଫଳ,
ପୁରୁଷାର୍ଥ କଲେ ନିଜର ସଂକଳ୍ପ
ପ୍ରାରବ୍ଧ ହେବ ଅଟଳ ।

ନିଜର କର୍ମକୁ ଫଳସଙ୍ଗେ ଯୋଡ଼ି
ଭାବୁଛୁ ବିଧାତା କଳା,
ଭଲଫଳ ବେଳେ ନିଜ କରାମତି
ମନ୍ଦବେଳେ ଭାଗ୍ୟ ଦେଲା ।

ଯେଉଁଠିକୁ ତୁହି ଯାଉଅଛୁ ସଦା
ତାହା ନୁହେଁ ତୋର ଘର,
ବାହାର ସଂଗ୍ରାମେ ଆଦି ଅନ୍ତ ନାହିଁ
ସ୍ୱୟଂର ମୂଳକୁ ଧର।

ଅଟକି ଯାଆନି ଚାଲିବା ରାସ୍ତାରେ
ଯେତେଆସୁ ପଛେ ବାଧା।
ଆଗକୁ ମାଡ଼ିକି ଯିବୁରେ ସଜନ
ଅସ୍ତିତ୍ୱ ତୋ ସାଥେ ସଦା....।

ମନକୁ ଜିତିବା ସହଜ ନୁହେଁରେ
ମୁନି ଋଷି ହାରି ଯାନ୍ତି,
ମୁକୁତିର କଳା ବେଦରେ ନଥାଏ
ସାକାରରେ ମାତି ଥାନ୍ତି।

ସରଳ ଜୀବନ ଯାତରା କରିଲେ
ଲୀଳାମୟ ହେବ ଗତି,
ସହଜ ଅଭ୍ୟାସ କରିଚାଲୁଥିଲେ
ଦୁଃଖ ଭୁଲାଏ ତା ପତି।

ଭାଗ୍ୟର ପଛରେ କେବେ ନ ପଡ଼ିବୁ
କର୍ମକୁ ଆଦରି ତୁହି,
ପରମ ସ୍ୱୀକାରେ ସ୍ୱାଦ ଚାଖୁଥିଲେ
ମଧୁର ଲାଗଇ ସେହି।

ପୁରୁଷାର୍ଥ କର ଛାଡ଼ି ଅହଂକାର
ଖୋଜନାହିଁ ପୁରସ୍କାର,
ଯାହାକଲେ ଯେତେ ମନ ପୁରେ ନାହିଁ
ବ୍ରହ୍ମ ଅନୁଭବ ଦୂର।

ପଣ୍ଡିତ ଜ୍ୟୋତିଷ ପାଖେ ପହଞ୍ଚିଲେ
ସମ୍ୟକ ହୁଏନି ଚାବି,
ପାଇବା ଆଶାକୁ ତୁଳନା କରିଲେ
ପ୍ରାଣ ଯିବ ଭାବି ଭାବି ।

ଯାହା କରୁଥାଉ ଜଗତରେ ତୁହି
ପାପପୂଣ୍ୟ କୁହାଯାଏ,
କେଉଁ ସମୟରେ ଶାପ ହୋଇଥାଏ
କେବେ ପୂର୍ଣ୍ଣସ୍ରୋତ ବହେ ।

ଜୀବନର ଦୁଃଖ ତୁ କେବେ ଭାବନି
ସୁଖକୁ କର ପାଳନ,
ନିଜେ ହସିକରି ଅନ୍ୟକୁ ହସାଅ
ଏହି ତ ଅସଲି ଜ୍ଞାନ ।

ଜଗତ ଗୋଟିଏ ଦର୍ପଣ ସମାନ
ସମସ୍ତେ ନିଜର ଜାଣ,
ଯାହାକୁ ତୁମେତ ପର କରିଦିଅ
ସେହି ବି ସୃଷ୍ଟିର ଗୁଣ ।

ଯାହା କର ତୁମେ ପାଖକୁ ଫେରିବ
ଅବଶ୍ୟ ପ୍ରକୃତି ଲୀଳା,
ଅନୁମାନ କଲେ ଅନୁଭବ ନାହିଁ
ସେହି ତ ଭିତର କଳା ।

ସୂରୁଜ ଉଦୟ ପୂରୁବରୁ ତୋର
ସଦା ତୁ ଭ୍ରମଣ କର,
ରାତ୍ରି ଖାଇସାରି ଅଧଘଣ୍ଟା ପାଇଁ
ଚକର ମାରିବା ଧର ।

ବଳ, ବୁଦ୍ଧି, ବୀର୍ଯ୍ୟ ପ୍ରଜ୍ଞାର ସହିତ
ନିରୋଗ ହୋଇବ ଶରୀ,
ଫୁରୁତି ଲାଗିବ ଉଦାସ ହଟିବ
ମନ ହେବ ଶୂନ୍ୟ ସାରୀ ।

ନୂଆ ନାବ ଯେବେ କୂଳେ ଲାଗିଯାଏ
ଯିଏ ଚାଲିଯାଏ ଚଢ଼ି,
ଭରସା ବିଶ୍ୱାସ ରଖି ଯାତ୍ରା କଲେ
ମୁକତି ହେବ ତା ସିଢ଼ି ।

ଦୁଃଖ ଭୋଗୁଥାଏ ଏକାନ୍ତ ମାନବ
ସାଙ୍ଗସାଥି କେହି ନାହିଁ,
ସୁଖ ବେଳେ ସବୁ ବାଣ୍ଟି ନେଇଥାନ୍ତି
ଆନନ୍ଦ ସରେ ବା କାହିଁ ।

ସୁନା ସାଧୁ ଆଉ ସନ୍ଥ ଜନମାନେ
ସହଜେ ଭାଙ୍ଗିଲେ ଯୋଡ଼େ,
କୁମ୍ଭାର ଘଡ଼ାଟି ନିଶ୍ଚିହ୍ନ ହୁଏ ରେ
ଦୁର୍ଜନ ପରି ସେ ଝଡ଼େ ।

ଯଦି ତୁମେ ହୁଅ ସୁନା ପରିଜନ
ନିରିମଳ ତୋ ଅନ୍ତର,
ଜୀବନ ଦୁଃଖକୁ କେବେ ଗାଇବୁନି
ସୁଖ ସାଥି ହେଲେ ତୋର ।

ବହୁଥିବ ଯେବେ ପ୍ରତିକୂଳ ହାୱା
ଶାନ୍ତ ହୋଇ ବସିପଡ଼,
ପବନ ଥମିଲେ ନୀରବ ହୋଇବ
ପ୍ରକୃତିର ଚାରିକଡ଼ ।

ଯଦି କେବେ ଭାଙ୍ଗେ ତୋର ବା ସଙ୍କଳ୍ପ
କମ୍ପନ ନ ଥାଇ ବସ,
ଆଳସ୍ୟକୁ ଛାଡ଼ି ସଂବନ୍ଧରେ ଯୋଡ଼
ପ୍ରୟାସ ସହିତ ହସ ।

ଜଗତ ଯାତରା ପ୍ରୟାସରେ ପୂର୍ଣ୍ଣ
ବ୍ୟକ୍ତି ହୁଏ କର୍ତ୍ତାମନ,
ପର ଆସ୍ଥା ଛାଡ଼ି ସ୍ୱୟଂରେ ଯୋଡ଼ିଲେ
ଜନ୍ମନେବ ବ୍ରହ୍ମ ଜ୍ଞାନ ।

ବ୍ୟର୍ଥ ଚିନ୍ତା ଛାଡ଼ି ଦାୟିତ୍ୱରେ ଭିଡ଼ି
ରଣନୀତି କର ସୁରୁ,
ସହଜ ସ୍ଥିତିରେ ପ୍ରୟାସ ଚାଲିଲେ
ଦିନେ ହେବୁ ତୁହି ଗୁରୁ ।

କର୍ମ କରିଚାଲ ସୀମାକୁ ତ ମାନ
ଡିଅଁନି ଲକ୍ଷ୍ମଣ ରେଖା,
ବେପରୁଆ ଭାବେ ଆଗକୁ ମାଡ଼ିଲେ
ବିପଦ ହୋଇବ ସଖା ।

ଜାନକୀର ଗତି ପାଖେ ନାହିଁ ପତି
ବାରଣକୁ ଭୁଲିଗଲା,
ଛଦମ ବେଶରେ ରାବଣ ଆସିଲା
ଲଙ୍କାକୁ ଯେ ନେଇଗଲା ।

ସୀତାଙ୍କ ହରଣ ରାବଣ ମରଣ
ବିଧିର ବିଧାନ ଥିଲା,
ନିଜ କରାମତି ଭାଗ୍ୟରେ ଯୋଡ଼ିକି
ଲଙ୍କାକାଣ୍ଡ ଭିଆଇଲା ।

ଯାହା ମଞ୍ଜିବୁଣୁ ଗଛ କାଲି ହେବ
ବେଉସଣରେ ତୁ ଲାଖ,
ସମ୍ୟକ ଶ୍ରମକୁ ଲଗାତାର କଲେ
ଅକାରଣେ ଫଳ ଚାଖ।

ଯଦି କର ନାହିଁ କିଛି ପରିଶ୍ରମ
ଶରୀର ରୁଗୁଣ ହେବ,
ମନପାଇଁ ଯଦି ଧ୍ୟାନ କରନାହିଁ
ମୁକତି ଆଶା ତୋ ଯିବ।

ପୁରୁଷାର୍ଥ ଭଳି ସୁଖନାହିଁ ଆଉ
ସହଜ ଭଳିଆ ଯୋଗ
ପ୍ରଭୁଙ୍କୁ ସ୍ମରଣି କର୍ମ ଚାଲୁଥିଲେ
ସ୍ୱୀକାର ଯେ ଉପଭୋଗ।

ପ୍ରଜ୍ଞା

ବଢୁଥିବ ଯେବେ ତୋର ବୟସ,
ପ୍ରଜ୍ଞା ହୁଏନାହିଁ ଆପେ ବିକାଶ।
ସୁଖ ମିଳେନାହିଁ ଏହି ସଂସାରେ,
ଦୁଃଖ ଛପିଥାଏ ତା'ର ପଛରେ।

ତଥାପି ମଣିଷ ଚାହୁଁଛି ସଦା,
କାମନା ହୁଏନି ଯିବାକୁ ବିଦା।
ଏପରି ଜୀବନ ଯାର ଚାଲିଲେ,
ପ୍ରଜ୍ଞା ଆସେନାହିଁ ଆପେ ଚାହିଁଲେ।

ଅଜ୍ଞାନୀ ମାନବ ପାଇକି ଉଡ଼େ,
ଧନୀ ବ୍ୟସ୍ତ ରହି ସଂଗ୍ରହେ ଭିଡ଼େ।
କାମ, ପଦ, ଲୋଭରୁ ଯେବେ ଧର
ସଂସାରୁ ହେବନି କେବେ ଉଦ୍ଧାର।

ପଙ୍କରେ ରହିକି କରୁଛ ଖେଳ,
ଅସମ୍ୟକ ପରିବେଶରେ ମେଳ।
ଅମୃତ ହୋଇବ ସର୍ବଦା ବିଷ,
ଭୁଲି ଯାଇଥାଏ ତା ମୂଳକୋଷ।

ରାତ୍ରିରେ ଜଗିଲେ କି ହେବ ହୋଶ,
ଭାବିହେଲେ କେବେ ମେଣ୍ଟେନି ଶୋଷ।
ଥକାମାରି ଶୋଇ ପଡ଼ିଲେ ପୁଣ
ଜାଗ୍ରତ ହୁଏନି ଚେତନା ଜାଣ।

ସଂଘର୍ଷରେ ଯୋଡ଼େ ଏହି ସଂସାର
ସୂକ୍ଷ୍ମରୁ ଛିଡୁଛି ତାର ଅନ୍ତର।
ଦ୍ୱନ୍ଦରେ ହଜିଲେ ସଂବନ୍ଧ ପୁରେ,
ପ୍ରଜ୍ଞା ଆସେନାହିଁ ବେହୋଶେ ମରେ।

ଅନ୍ତର ଶୃଙ୍ଖଳା ଯାର ନିର୍ମଳ,
ଜନ୍ମରୁ ନ ଥାଏ ସେହି କାଙ୍ଗାଳ।
ସୂରୁଜ ଉଇଁଲେ ଦିଏ ପ୍ରକାଶ
ଫୁଲ ଫଳ ସହ ହୁଏ ବିକାଶ।

ପକ୍ଷୀ ଗୀତ ଗାଇ ଗାଇକି ଚାଲେ,
ପ୍ରକୃତି ଉମଙ୍ଗ ହୋଇ କି ମେଲେ।
ଶୀଳବାନ ବ୍ୟକ୍ତି କେବେ ନ ହଲେ,
ଫକୀର ଭିତରେ ଆକାଶ ମେଲେ।

ଅବିଦ୍ୟା ମୂଳରେ ନିଜ ସ୍ୱଭାବ,
ସମର୍ପିତ ବ୍ୟକ୍ତି ଜାଣଇ ଶିବ।
ଯେବେ ଗୁରୁ ଦିଏ ନାହିଁ ତ ଆଜ୍ଞା
ପ୍ରକାଶିତ ହୁଏ ନାହିଁ ତା ପ୍ରଜ୍ଞା।

ସବୁରି ବାଟରେ ଥାଏ ଇସାରା,
ଗୁରୁ ଖୋଲିଥାନ୍ତି ଦେଇ ପସରା।
ଭରସା ବିଶ୍ୱାସକୁ ଚାଲ ଧରି,
ଶରଣରେ ଗଲେ ମିଳଇ ଡୋରି

ସେ ଡୋରି ଅନନ୍ତ ଆଉ ଅଦୃଶ୍ୟ
ଶୁଦ୍ଧ କରିଥାଇ ଗଢ଼େ ତା ଶିଷ୍ୟ ।
ସାଧନା ଆଜିର ଜ୍ଞାନ ସଂଗ୍ରହ
ଗ୍ରନ୍ଥ ଘୋଷା ଚୋରି ଓ ପରିଗ୍ରହ ।

କ୍ରିୟାକାଣ୍ଡ ଛାଡ଼ି ଉର୍ଦ୍ଧ୍ୱକୁ ଯିବୁ,
ସହଜ ଶ୍ରବଣୁ ଧ୍ୟାନେ ପଶିବୁ ।
ବିଚାର ହୋଇବ ଯାହାର ଶୂନ,
ମୁକ୍ତ ହେବ ଆତ୍ମା ନ ଥିବ ମନ ।

ମନ ଯା ଅମନ ହୋଇଲା ଜାଣ
ସେହି ହେବ ସାକ୍ଷୀ ଚୈତନ୍ୟ ପୁଣ ।
ସାକ୍ଷୀ ଯେ ଅକମ୍ପ ଅବସ୍ଥା ତୋର,
ହଜାଏ ସିଦ୍ଧାନ୍ତ ଆସ୍ଥା ବାହାର ।

କାମନା ବାସନା ହଜିବ ଯାର
ହୋଶର ସାଧନା ଜଗିବ ତାର ।
ପାଇବୁ ରୋଗର ସଦା ଔଷଧି
ପାଖେ ପହଞ୍ଚିବ ଧ୍ୱନି ସମାଧି ।

ସରି ଯାଉଅଛି ବ୍ୟକ୍ତି ବୟସ,
ମୃତ୍ୟୁ ଡାକିଆଣେ କରି ଉଦାସ ।
ଭୋଗ ତା ରୋଗକୁ ଟାଣଇ ସଦା,
ରୋଗ ଭୋଗ କେବେ ହୁଏନି ବିଦା ।

ବିକ୍ଷିପ୍ତ କରାଏ ମନ ଭିତରେ
ସପନ ଭରାଏ ସଂସାରୀ ପୁରେ ।
ବାହାରେ ନ ଥାଏ ଆତମ ଜ୍ଞାନ,
ଶାସ୍ତ୍ର ଭରିଦିଏ ଯେ ଅଭିମାନ ।

ଯିଏ ଜାଣିପାରେ ଧ୍ୟାନର ଆଖି
ଉଦୟ ହୁଏ ତା ପ୍ରଜ୍ଞାର ସାକ୍ଷୀ ।
ସେ ପ୍ରଜ୍ଞା ଦେଖାଏ ନିର୍ବାଣ ଧାରା
ମୈତ୍ରୀର ଭାବନା ଦେଖାଏ ପରା ।

ମନର ଆଦତ ଭୁଲାଇ ଦିଏ,
ଅହଂକାର ସବୁ ଆପେ ତ ଖାଏ ।
ନିଜର ନମ୍ରତା ଶୁଦ୍ଧ ବେଭାର,
ପ୍ରକାଶିତ ହୁଏ ଆତ୍ମାର ପୀର ।

ସେ ପୀର ଅଟଇ ସଦା ଭିତରେ,
ଚୈତନ୍ୟ ରୂପରେ ପ୍ରକାଶ ଝରେ ।
ପ୍ରତି କ୍ଷଣରେ ସେ ଗୀତାକୁ ଗାଏ,
ପ୍ରତି ମୂହୁର୍ତ୍ତରେ କୃଷ୍ଣଙ୍କୁ ପାଏ ।

ନାବିକ ସାଜେ ସେ ଗୁରୁ ରୂପରେ,
ଆହୁଲା ମାରି ସେ ସଂସାରୁ ତରେ ।
ସରଳ ବାଟରେ ପାରି ସେ କରେ,
ବିଶ୍ୱାସ ରହିଲେ ଯାତର ସରେ ।

ଯେତେ ଉଚ୍ଚାରେ ତୋ କୁରୁଷି ଥାଏ,
ଏକ ଦିନ ଆସେ ହଜି ବି ଯାଏ ।
ମୋହକୁ ଧରି କି କିଛି ବଞ୍ଚନ୍ତି,
ନିଜ ଖାତା ଖୋଲି ନିଜେ ଯୋଡ଼ନ୍ତି ।

ପକ୍ଷିର ଆୱାଜ କର୍କଷ ହେଲା,
ମିଠା କଥା ପାଇଁ ସଂସାର ଗଲା ।
ଛାଡ଼ ଅସମ୍ୟକ ଭାବକୁ ତୁହି,
ଜଗିବୁ ସର୍ବଦା ବ୍ରହ୍ମକୁ ନେଇ ।

ବ୍ରହ୍ମ ଯେ ସୃଷ୍ଟିର ଏକା ସ୍ୱରୂପ,
କୃପା ବରଷିଲେ ଦେଖିବୁ ରୂପ।
ପାତ୍ରତା ଅର୍ଜନ ନିଜ ଉପରେ,
ଶୁଦ୍ଧ ଆଚରଣ ମୂଳକୁ ଧରେ।

ଦୁଃଖ ଆସିଗଲେ ମଣିଷ ଜଗେ,
ସୁଖ ପାଉଥିଲେ କେବଳ ଭୋଗେ।
ଭୋଗରେ ଥାଇକି ଯୋଗକୁ ଖୋଲେ
ବେହୋଶ ରହିଲେ ପ୍ରଜ୍ଞା ନ ମେଲେ।

ଏକ ଦିନେ ସୁଖ ଚାଲିଣ ଯାଏ,
ସୁନ୍ଦର ଯାତ୍ରାର ରୂପକୁ ଖାଏ।
ସଂଯମୀ ମାନବ ସପନ ଛାଡ଼େ,
ଅକର୍ମକୁ ସାଧି ସତ୍ୟରେ ଯୋଡ଼େ।

କେନ୍ଦ୍ରରେ ଯୋଡ଼ିଲେ ସତ୍ତା ଜାଣିବ,
ଅନ୍ତର ଆକାଶୁ ଶ୍ରବଣ ହେବ।
ଶୂନ୍ୟର ସଙ୍ଗୀତ ପ୍ରେମର ଡୋର,
ନାମର ଶ୍ରବଣ କରେ ଉଦ୍ଧାର।

ଅଜପା ସହିତ ଯୋଡ଼ିଲେ ଜାଣ,
ପହଞ୍ଚାଏ ପ୍ରଜ୍ଞା ଅନ୍ତରୁ ଶୁଣ।
ଶୁଣିଲେ ଶବଦ ଲାଗେ ସମାଧି,
ଭିତରୁ ହଜାଏ ବିଚାର ବ୍ୟାଧି।

ଯାହା କର ତୁମେ ଜିଦ୍ଧି ନ କର
ବାଜି ସଂଘର୍ଷରୁ ରହିବ ଦୂର।
ସହଜ ସ୍ଥିତିରେ ରଖିବ ଲୟ,
ଆପେ ହଜାଇବ ମୃତ୍ୟୁର ଭୟ।

ଆତ୍ମ ସତ୍ତା ହେବ ବିକାଶ ଧିରେ
ପ୍ରଜ୍ଞା ଜାଗିଉଠେ ପ୍ରତି ଶ୍ୱାସରେ
ଶ୍ୱାସକୁ ଜଗିବା ମୂଳ ସାଧନା,
ପ୍ରଜ୍ଞା ଧାରା ହେଲେ ହଜେ ବାସନା।

ରାମନାମ ଛାଡ଼ି କ୍ରିୟା ଯେ କରେ
ପୂଜା ମନ୍ତ୍ରପାଠ ତୀର୍ଥରେ ଭରେ।
ପ୍ରଭୁ ସର୍ଜନାକୁ ଅର୍ପଣ କରି
ସ୍ୱୟଂରୁ ହରାଏ ଅସ୍ତିତ୍ୱ ଡୋରି।

ସଂବେଦନ ଥାଇ ସଭିଙ୍କୁ ଦେଖ,
ପ୍ରତି ଘଟଣାରୁ ସଦା ତୁ ଶିଖ।
କରୁଣା ସହିତ ବିନୟେ ଲାଗ,
ପ୍ରଜ୍ଞାର ଔଷଧ ଅସଲି ଯୋଗ।

ପ୍ରଜ୍ଞାରୁ ଉଦୟ ଶ୍ରଦ୍ଧା ତୁ ଜାଣ
ଶ୍ରଦ୍ଧାରୁ ଯେ ଜ୍ଞାନ ହୁଅଇ ପୁଣ।
ଅନୁଭବ ହେଲେ ଆସ୍ଥା ଫେରିବ,
ଭଗବତ୍ତା ରୂପ ଧ୍ୟାନେ ପାଇବ।

ନକର ଖାତିରି ସ୍ୱର୍ଣ୍ଣ ମୃଗକୁ
ହଜାନି ନିଜର ସମ୍ଭାବନାକୁ।
ଆଶା ଯେ ବୈଦେହୀ ରାବଣ ଭିକ୍ଷୁ,
ବେହୋଶ ହଜାଏ ଚୈତନ୍ୟତାକୁ।

ନିଜର ଦାୟୀତ୍ୱ ନିଭାଇ ଯାଅ,
ଲକ୍ଷ୍ମଣ ରେଖାକୁ ନ ପାରି ହୁଅ।
ଧୈର୍ଯ୍ୟ ଓ ସାହସ ମନର ବଳ,
ହଟାଏ କନ୍ଦଳ ଧରାଏ ମୂଳ।

ସଦା ସନ୍ତୋଷରେ ଲାଗିବ କୂଳ,
ନିରାଶ ହଜିଲେ ମିଳେ ତା ଫଳ।
ସେ ଫଳ ଅଟଇ ସ୍ୱୟଂର ତଳ,
ଅନ୍ତରୁ ମିଳଇ ଅମୃତ ଜଳ।

ଅମୃତ ଯେ ସଦା ଆନନ୍ଦ ମୟ,
ଉତ୍ସବ କରିଲେ ଜନ୍ମାଏ ଲୟ।
ଯାହା ଘଟୁ ପଛେ ଘଟଣା ତୋର,
ଉତ୍ତେଜିତ କେବେ ନ ହେଉ ଶିର।

ସଦା ଶାନ୍ତ ରହି ଶୁଣିବ ଧ୍ୱନ,
ପ୍ରଜ୍ଞା ଜଗାଇବ ଅସଲି ଜ୍ଞାନ।
ଆଉ ସବୁ ଜାଣ ସଂଗ୍ରହ ମାନ
ଶ୍ରବଣ ଏକଲା ପରମ ଧନ।

ସାକ୍ଷୀ

କେତେ ଶ୍ରମଦେଇ ମାତିଛୁ ମନ
କେତେ ମୂଲ୍ୟ ହେବ ଧନ ଓ ମାନ।
କେତେ ଯଶ ପଦ କାମ କାଞ୍ଚନ
କେତେ କ୍ରିୟାକାଣ୍ଡ ଦାନ ସମ୍ମାନ।

ସବୁ ନୁହେଁ ସାର ପାଖେ ଜୀବନ
ଯଦି ନ ଜାଣିବୁ ଅସଲି ଧ୍ୟାନ।
ମୂର୍ଚ୍ଛା ଠାରୁ ବଡ଼ ପାପ ତୋ ନାହିଁ
ହୋସ ଠାରୁ ପୂଣ୍ୟ ସଂସାରେ କାହିଁ।

ନୀରବତା ଥିଲେ ହୋଶ ବଢ଼ାଏ
ଶୂନ୍ୟର ରାସ୍ତାକୁ ସାକ୍ଷୀ ବତାଏ।
କର୍ମସ୍ଥଳ ସାଜି ଯାଏ ମନ୍ଦିର
ଘର ତୋ ଆଶ୍ରମ ସ୍ୱର୍ଗର ଦ୍ୱାର।

ଖାଲି ସୁଖ ପାଇଁ ଧାଉଁଛି ଜନ
ଯାହା ଯେତେ କଲେ ପୁରେନି ମନ।
ସପନ ହୁଅଇ ତାର ଜୀବନ୍ତ
ଆଶାର ଆକାଶେ ନ ଥାଏ ଅନ୍ତ।

ଆଖି ବୁଜିଦେଲେ ବିଚାର କମେ
ବିଚାର ହଟିଲେ ଭୋଗ ନରମେ।
ସର୍ବୋତ୍ତମ ବ୍ରତ ଯେ ଅପ୍ରମାଦ
ସାଧିଲେ ଯେ ସାଧୁ ପାଏ ପ୍ରସାଦ।

ମନ୍ଦିରରେ ଥାଇ କରଇ ଚର୍ଚ୍ଚା
ରାମନାମ ଗାଇ ହୁଅଇ ମୂର୍ଚ୍ଛା।
ପ୍ରମାଦ ଛାଡ଼ିକି ହୋଶରେ ପଶ
ଭିତରକୁ ଗଲେ ଦେଖ ଉଆସ।

ଉଆସ ଭିତରେ ଶୂନ୍ୟର ସ୍ଥଳ
ଶୂନ୍ୟ ନିରାକାରେ ନାହିଁ କନ୍ଦଳ।
ନିରାକାର ନୁହେଁ ଅନ୍ତିମ ଦ୍ୱାର
ତାରି ଉର୍ଦ୍ଧ୍ୱରେ ପରମେଶ୍ୱର।

ସାକ୍ଷୀକୁ ସାଧିଲେ ଆନନ୍ଦ ପ୍ରାପ୍ତ
ଲହର ହଜିଲେ ଗୋବିନ୍ଦ ବ୍ୟାପ୍ତ।
ଜୀବନ ଆୟୁର ନାହିଁ ଯେ ନାମ
ଅସଲି ନାମ ଯେ ଅଟେ ନିଷ୍କାମ।

ଆଉ ଏକ ହେବ ସ୍ୱୟଂ ସାଧନ
ସାକ୍ଷୀର ନୌକାରେ କରାଏ ଧ୍ୟାନ।
ସବୁକୁ ଭାବିବ ପ୍ରଭୁଙ୍କ ଦାନ
ତେବେ ଜାଣିଯିବ ସେ ଭଗବାନ।

ପ୍ରତ୍ୟେକ ଭୋଗରୁ ଖୁସି ତ ମିଳେ
ଅତୃପ୍ତ ମନରେ ବିଷ ବି ଖେଳେ।
ଭୋଗର ସୁଖରୁ ଯୋଡ଼ିବା ଜାଣ
ଶୂନ୍ୟ ଆଶା ହେଲେ ଘଟିବ ଧ୍ୟାନ।

ଧ୍ୟାନର ମୂଳରେ ପ୍ରେମ ଯାତରା
ନିଜେ ଶୁଦ୍ଧ ହେଲେ ଆସେ ଡାକରା।
ଆଖି ଖୋଲିକରି ପ୍ରେମ ତୁ କର
ବନ୍ଦ ଆଖିରେ ତୁ ଧ୍ୟାନକୁ ଧର।

ସବୁ ଦ୍ୱାର ବନ୍ଦ ହୋଇବ ଜାଣ
କେବଳ ଚାଲିବ ଶ୍ୱାସରେ ପ୍ରାଣ।
ଛାଡ଼ିବା ଜଗିବା କାମର ମୂଳ
ସେହି ତ ଆନନ୍ଦ ସେହି ତ ଫଳ।

ସମସ୍ତ ଭିତରେ ସାକ୍ଷୀ ଜଗିବ
ଜଗିକି ଦେଖିଲେ ଚେତା ଫେରିବ।
ପ୍ରଶ୍ନ ନ ପଚାରି ଶୁଣିବୁ ସେହି
ନିରବରେ ଆପେ ଜାଣିବୁ ତୁହି।

ଆଚରଣ ଦିଏ ସମ୍ୟକ ପନ୍ଥା
ଆତ୍ମା ହୋଇଯାଏ ସ୍ୱୟଂ ବିଧାତା।
ଅନେକ ପ୍ରକାର ଅଂଶରୁ ତୁହି
ସ୍ୱୟଂର ବିକାଶ ମଧ୍ୟକୁ ନେଇ।

ଅସଲି ସାଧନା ସଂସାରୀ ଘର
ମୂଳଦୁଆ ଥାଏ ସାକାରେ ତୋର।
ସାକାରରୁ ନେବ ଆକାର କରି
ଆକାର ଜନ୍ମାଏ ପ୍ରକାର ଧରି।

ପ୍ରକାର ମୂଳରେ ବିଚାର ଶୂନ
ସନାତନ ତତ୍ତ୍ୱ ହୋଇବ ଧ୍ୟାନ।
ସବୁରି କର୍ମରେ ବିଭୁଙ୍କ ଆଖି
ସତ୍ୟର ରହସ୍ୟ ଏକା ତ ସାକ୍ଷୀ।

ସୁମିରଣ ଧରେ ଅନ୍ତର ଡୋରି
ସଚ୍ଚାନାମ ହୁଏ ସାକ୍ଷାତ ହରି।
ସ୍ୱୟଂ ତୁ ହରିର ଏକା ଯେ ରୂପ
ସାକ୍ଷୀ ଯେ ବତାଏ ଅସଲି ଦୀପ।

ଭୋଜନରେ ସୀମା ସଦା ଯେ ଥାଏ
ଭୋକରେ ତା ରୂପ ଦେଖା ନ ପାଏ।
ଭୋଗର ସୀମାକି ପ୍ରକାଶ ପାଏ
ଅସ୍ୱାସ୍ଥ୍ୟବାନକୁ ରାସ୍ତା ଦେଖାଏ।

ସ୍ୱୟଂର ସ୍ଥିତିରେ ହୋଇଲେ ଠାବ
ସ୍ୱାସ୍ଥ୍ୟବାନ ତାକୁ କହଇ ଜୀବ।
ସୃଷ୍ଟିର ବୀଣାଟି ବାଜୁଛି ସଦା
ବାହାର ଶ୍ରବଣ ଦିଏ ଯେ ବାଧା।

ସଂସାରୀ ଶୋଇକି ଭାବୁଛି କିଛି
ସନ୍ଥ ଆଖିବୁଜି ଶୁଣୁଛି ବାଛି।
ସାକ୍ଷୀ ହୋଇଯାଏ ତାହାର ଧ୍ୟାନ
ଗୁରୁକୃପା ଦେଲେ ମରିବ ମନ।

ଶରୀର ହୋଇବ ନିସ୍ତେଜ ମୟ
ଶ୍ୱାସକ୍ରିୟା ଗଲେ ନ ଥାଏ ଭୟ।
ଶ୍ୱାସ ସହଜିବା ଗୋଟିଏ କାମ
ସେହି ତ ଦର୍ଶନ ସେହି ବି ରାମ।

ତୁହି ତୋର ସାକ୍ଷୀ ତୁହି ବି ଆତ୍ମା
ତୁହି ଯେ ଚୈତନ୍ୟ ତୁହି ବିଶ୍ୱାତ୍ମା।
ତୁହି ଯେ ଅଦ୍ୱୈତ ତୁହି ବି ସତ୍ୟ
ତୁହି ତୋର ମୁକ୍ତି ତୁହି ବି ପଥ୍ୟ।

ତୁହି ତ ଆତ୍ମାର ଅସଲି ରାମ
ତୁହି ପୁଣି ଧ୍ୟାନ ତୁହି ବି ଶ୍ୟାମ।
ପୂଜା ଓ ନମାଜ ଯଜ୍ଞ ହବନ
ଜପ ଓ ତପରେ ନ ଥାଏ ଜ୍ଞାନ।

ଗଙ୍ଗା ଯାଇ ତୀର୍ଥ କରିଲେ ସ୍ନାନ
ଓଁକାର ନ ଜାଣି ହୁଏ ନି ଧ୍ୟାନ।
ଧ୍ୟାନ ତୋର ଅଟେ ଶୂନ୍ୟ ଦର୍ଶନ
ସନ୍ଥ ଆଶୀର୍ବାଦେ ସାକ୍ଷୀର ଜ୍ଞାନ।

ନିଷ୍କାମ

କଅଣ ପାଇବୁ ସଂଗ୍ରହ କରି
ଧନ ଜନ ମାନ ହେବ ବଇରୀ ।
ପଦ ଓ ପ୍ରତିଷ୍ଠା ଯିବରେ ସରି
ପାଇବୁନି ତୁହି ସଂସାରୁ ହରି ।

ମିଳିବ ନାହିଁ ଯେ କେନ୍ଦ୍ରକୁ ରାସ୍ତା
ସମ୍ୟକ ନ ଥିଲେ ବୁଡ଼ିବ ଆସ୍ଥା ।
ସଂସାର ସଂବନ୍ଧ ଭୁଲିବୁ ସଦା
ଧନ୍ୟବାଦ ଦେଇ ହେବୁ ତୁ ବିଦା ।

ନିଷ୍କାମ ପ୍ରେମକୁ କରିବା ଶିଖ
ପ୍ରଭୁଙ୍କ ଦରଜା ଖୋଲିବ ଦେଖ ।
ସୃଷ୍ଟିର କରତା ବିରାଟ ସଖା
କିଛି ନାହିଁ ଜାଣ ଶୂନ୍ୟ ଆକାଂକ୍ଷା ।

ନାହିଁ ନିଜ ପର ଶୂନ୍ୟ ଯାତରା
ନିରବରେ ବସି ସହିବ ପରା ।
ଖରା ଶୀତ ବର୍ଷା ପ୍ରକୃତି ଧାର
ସମସ୍ତ ଜୀବଙ୍କୁ କରେ ଉଦ୍ଧାର ।

ତୁମରି ଭିତରୁ ହୁଏ କେ ରାମ
ପୁଣି କିଏ ସାଜେ ହୋଇ ବି ଯମ।
ସବୁରି ନାଟ ତ କରଇ ଆଶା
ପୂର୍ଣ୍ଣ ନ ହୋଇଲେ ହୁଏ ହତାଶା

ପ୍ରତି କର୍ମ ଯେବେ ସମ୍ୟକ ତୋର
ସାତ୍ତ୍ୱିକତା ଥିଲେ ଜାଣିବୁ ପୀର।
ମିଳିବନି ହାନି ଲାଭ ଓ ଭାବ
ବଦଳିବ ତୋର ସ୍ୱୟଂ ସ୍ୱଭାବ।

ଜିତିବା ଅପେକ୍ଷା ହାରିବା ଜାଣ
ଅନ୍ତର ଭିତରୁ ଆଓ୍ୱାଜ ଶୁଣ।
ଶୁଣିଲେ ଆଓ୍ୱାଜ ତୁଟିବ ଭୟ
ବିଚାର ହଜିଲେ ଜୁଟିବ ଲୟ।

ଲୟରେ ପ୍ରବେଶ ମିଳନ ଦ୍ୱାର
ସମାଧି ଲାଗଇ ପ୍ରଭୁର ଦ୍ୱାର।
ସେହି ତ ଧରମ ସେହି ସରଗ
ହଜିବ ଧାରଣା ନ ଥିବ ଦାଗ।

କିଛି ପାଇଗଲେ ଯେ ପୁରସ୍କାର
ବାହାର ଫୁଟଇ ଗର୍ବରେ ତୋର।
ପୂରଣ ନ ହେଲେ ତୋର କାମନା
ତିରସ୍କାର ହୁଏ ସେହି ପାଉଣା।

ନିଷ୍କାମ ଭାବନା ପରମ ଗତି
ଅନୁଭବି ଜାଣେ ସେହି ମୁକତି।
ନାହିଁ ତା ବନ୍ଧନ ନାହିଁ ସ୍ପନ୍ଦନ
ନ ଥାଏ କ୍ରନ୍ଦନ ଓ ସନମାନ।

ସବୁ ସେ ବ୍ୟବସ୍ଥା ପ୍ରକୃତି ଦାନ
କେବଳ ଜାଗ୍ରତ କରାଏ ଧ୍ୟାନ।
ଜନ୍ମ କେବେ ହୁଏ ନାହିଁ ଅଧୀନ
ମୃତ୍ୟୁ ଦିଏ ନାହିଁ କେବେ ସ୍ୱାଧୀନ।

ସେହି ଜନ୍ମ ମୃତ୍ୟୁ ଦୁଇଟି ଚୋର
ଧ୍ୟାନ ସାଜିଅଛି ପୋଲିସ ବୀର।
ନିରବ ଦ୍ରଷ୍ଟା ସେ ସହଜ ସାକ୍ଷୀ
ଅକମ୍ପ ସ୍ଥିତିରେ ଦେଖେ ତା ଆଖି।

ଉପଲବ୍ଧି ବାଲା ନ ଦିଏ ସୂତ୍ର
ସଙ୍କେତ ଦିଏ ସେ ନାମକୁ ମାତ୍ର।
ବିଭୁଙ୍କ କରୁଣା ଲୀଳାର ମୂଳ
ନିରଂଜନ ପରା ଭରିଛି ଖେଳ।

ଯାହା କରେ ବ୍ୟକ୍ତି କରତା ସାଜେ
ପାଇଗଲେ କିଛି ନିଜେ ସେ ହଜେ।
ଅଳପ ପାଇଲେ କାଙ୍ଗାଳ କହେ
ବହୁତ ଖାଇଲେ ବ୍ୟାକୁଳ ରହେ।

ନ ଖାଇଲେ ତାର କାନ୍ଦିବା ହୁଏ
ବାନ୍ଧିଲେ ଯେତେ ବି ମନ ନ ପାଏ।
ଯାହା ଯେତେ କଲେ ପୂରେନି ମନ
ଯେତେ କ୍ରିୟା କଲେ ହୁଏ ନି ଧ୍ୟାନ।

ଧ୍ୟାନର ମୂଳ ତ ଶୂନ୍ୟ ଯାତରା
ନ ପାଇବା ଆଶା କରେ ସୂତୁରା।
ନିର୍ବିଷୟ ହେଲେ ତାର ବିଚାର
ନିର୍ମଳ ହୁଅଇ ତା ଅହଂକାର।

ନିରିମଳ ହେବା ଗୋଟେ କାରଣ
ନାମର ଶ୍ରବଣୁ ହୋଇଲା ଜାଣ ।
ଯେପରି ସୂରଜ ପ୍ରକାଶ ଦିଏ
ସବୁ ପ୍ରାଣୀଙ୍କର ବିକାଶ ହୁଏ ।

ପତ୍ର ହଲେ ନାହିଁ ତା ବିନା ଗତି
ଅସ୍ଥିତ୍ୱ ବିସ୍ତାର ସଂସାର ରୀତି ।
କାମନା ବାସନା ଦୁଇଟି ମେଲେ
ସୁଗନ୍ଧ ଫୁଟିଲେ ସଂସାର ହଲେ ।

ଭବିଷ୍ୟତ ନେଇ ବିଚାର ଛାଡ଼
ବର୍ତ୍ତମାନ ସଙ୍ଗେ ସଦା ତୁ ଯୋଡ଼ ।
ଅତୀତ ଭୁଲିଲେ ଜାଗ୍ରତ ଆସେ
କ୍ଷଣରେ ଜଗିଲେ ଶ୍ରଦ୍ଧା ବିକଶେ ।

ଶ୍ରଦ୍ଧାରୁ ଭକ୍ତି ଯେ ବିସ୍ତାର ହେବ
ଅବଶ୍ୟ ଘଟିବ ପରମ ଯୋଗ ।
ଭୌତିକ ସଂସାର ବିଷୟ ମୟ
ପାଇବାର ଆଶା ଜଗାଏ ଭୟ ।

ଭୟ ଏକା ମୃତ୍ୟୁ ସହ ସମାନ
ବାରମ୍ବାର ଜନ୍ମ ହୋଇବ ମନ ।
ଏହି ଜୀବନରେ ସତ୍ୟକୁ ଧର
ସେହି ତ ଗୋବିନ୍ଦ ମୁକ୍ତିର ଦ୍ୱାର ।

ଯେତେ ବଡ଼ ଗାଢ଼ ସଂସାରେ ଥିବ
ନିଷ୍କାମୀ ସାଜିଲେ ଉଠିବା ହେବ ।
ସଂସାର ସୁଖକୁ ଛାଡ଼ିଲେ ଭଲ
ସଦା ଭୁଲିଗଲେ ଦୁଃଖତ ଫୁଲ ।

ନାମ ଅଟେ ଜାଣ ଅସଲି ରାମ
ଅନ୍ତରୁ ଶୁଣିଲେ ହେବୁ ନିଷ୍କାମ।
ନାମର ଠିକଣା ଗୁରୁ ଦିଅନ୍ତି
ଶ୍ରଦ୍ଧାବାନ ବ୍ୟକ୍ତି ଆପେ ପାଆନ୍ତି।

ବଡ଼ ଭାଗ୍ୟବାନଙ୍କର ନିକଟ
ଗୁରୁ ଦେଇଥାନ୍ତି ତାଙ୍କୁ ଯେ ଭେଟ।
ପ୍ରଜ୍ଞାବାନ ବ୍ୟକ୍ତି କରେ ସତ୍କାର
ସତ୍ ସଙ୍ଗ ହୋଇବ ମିଳନ ଦ୍ୱାର।

ସନ୍ଥ ଜଣାପଡ଼େ ନାହିଁ କାହାକୁ
ସାଧାରଣ ଭାବେ କହେ ତୁମକୁ।
ଉପସ୍ଥିତି ତାର ମହାନ ଦାନ
ଦର୍ଶନ ପାଇଲେ ହୁଅଇ ଧ୍ୟାନ।

ତାଙ୍କ ପରଶରେ ଆଖି ଖୋଲିବ
ଯାର ମୂଳେ ଛପେ ନିଷ୍କାମ ଭାବ।
ଅହଂକାର ନେଇ ନାମକୁ ଦିଏ
ରାସ୍ତାକୁ ବତାଇ ପାଖରେ ଥାଏ।

ତାଙ୍କର ନ ଥାଏ କୌଣସି ପକ୍ଷ
ନିଷ୍କଳଙ୍କ କରେ ଶିଷ୍ୟର ଲକ୍ଷ୍ୟ।
ଶିଷ୍ୟ ଯେ ନିର୍ମଳ ଶିଶାଟି ପରି
ସେହି ହୁଏ ସନ୍ଥ ସତ୍ୟକୁ ଧରି।

ସତ୍ୟ ଅଟଇ ଯେ ଏକା ଈଶ୍ୱର
ଆଉ ସବୁ ଯେତେ ସର୍ଜନା ତୋର।
ଅନୁଭବୀ ପାଏ ପରମ ଜ୍ଞାନ
ଯେବେ ପ୍ରୀତିଭାବ ହୁଏରେ ଧନ।

ସବୁ ପ୍ରାଣୀ ପ୍ରତି ସମାନ ଭାବ
ଅନ୍ତରୁ ଛୁଟିବ ଅଦ୍ୱୈତ ନାବ।
ନିଷ୍କାମନା ଭାବ ଯେବେ ହୋଇବ
ଗୋବିନ୍ଦ ସହିତ ଯୋଗ ଘଟିବ।

ପରମ ମୁକ୍ତିର ରାସ୍ତା ଖୋଲିବ
ନିଜର ଅନ୍ତରୁ ଜାଣିବ ଶିବ।
ଶକ୍ତି ଜାଗିଉଠେ ନିଜ ଭିତରେ
ଉର୍ଦ୍ଧ୍ୱଗାମୀ ହୋଇ ଚାଲେ ଉପରେ।

ନିଜର ପାଖରେ ରହିଛି ହୀରା
ତାକୁ ଭୁଲିଯାଇ ଦେଉ ପ୍ରହରା।
ମାଧ୍ୟମକୁ ଧରି ମାନ୍ୟତା ଦେଉ
କ୍ରିୟାକାଣ୍ଡ କରି ଜ୍ଞାନୀ ଦେଖାଉ।

କେହି ପାଇନାହିଁ ସଂସାରେ ସାରା
ଏକଲା ନିଷ୍କାମୀ ପାଏ ସାହାରା।
ସହଜ ହୋଇ କି କୋମଳ କୁହ
ଜିଦ୍ଦି ନ ଧରିକି ସହି ତୁ ଯାଅ।

ଯାହା ମିଳିଲେ ବି କର ସ୍ୱୀକାର
ସଦା ତୋ ଅନ୍ତରେ ସନ୍ତୋଷ ଭର।
ଏହି ତ ଅଟଇ ପ୍ରୀତିର ଦ୍ୱାର
ନିଷ୍କାମ ସାଧିଲେ ଜାଣିବୁ ପୀର।

କାମନାଠୁ ବଡ଼ ନାହିଁ ଯେ ବ୍ୟାଧି
ସମାଧି ଅଟଇ ଏକା ଔଷଧି।
କାମନା ଜଗାଏ ନିଜର ଭାବ
ପ୍ରକୃତି ଗଢ଼ିଛି ସବୁରି ଜୀବ।

ସନ୍ଥର ପରଶେ ଚେତନା ଜାଗେ
ସମାଧି ଲାଗିଲେ କାମନା ଭାଗେ ।
'ମୁଁ' ଯେ ଅଟଇ ମାୟା ବିସ୍ତାର
ମାୟାର ନ ଥାଏ ଘର ଓ ଦ୍ୱାର ।

ଯେପରି ଭାବନା ଗଢ଼ି ସେ ପାରେ
ସେପରି ଆକାର ସ୍ୱୟଂରେ ଭରେ ।
ମୁଁ କୁ ଛାଡ଼ିଲେ ମୋତେ ପାଇବୁ
ସତ୍ୟର ରହସ୍ୟ ସୂତ୍ରକୁ ନେବୁ ।

ହରିଙ୍କୁ ତ ଯିଏ ସ୍ୱୀକାର କଲା
ଦୁନିଆରେ ଥାଇ ଧ୍ୟାନ ପାଇଲା ।
କିଛି ନ ପାଇଲେ ଶାନ୍ତ ତୁ ରହ
ସେଇଠୁ ବହିବ ମଞ୍ଜିଲ ସୁଅ ।

ନୀରବ ନିଷ୍କ୍ରିୟ ସାତ୍ତ୍ୱିକ ଭାବ
ନିଷ୍କାମୀ ସାଧିବ ପରମ ଜୀବ ।
ନିଷ୍କାମ କରମ ଅସଲି ଧର୍ମ
ଏହି ଯେ ଅଟଇ ସନ୍ଥର ମର୍ମ ।

ପ୍ରଭୁଙ୍କ ଇଛାକୁ ଦିଏ ସମ୍ମାନ
ମସ୍ତିରେ ଜୀବନ କାଟେ ସେ ଜନ ।
ସଂସାରେ ଥାଇକି ହଟଇ ଆଶା
ସହଜ ସାଧିବା ସନ୍ଥର ଭାଷା ।

ରବିର କିରଣ ସଦା ନିଷ୍କାମ
ଚନ୍ଦ୍ରର ଜୋଛନା ଦିଏନି କାମ ।
ଗୁରୁଙ୍କ ଚରଣ ପରମ ଧାମ
ସେଇତ ଅଟଇ ଅସଲି ରାମ ।
ନିଷ୍କାମ ଜୀବନ ସନ୍ଥର ମନ
ଜାଣିବ ସତ୍ୟର ଏହି ଦର୍ଶନ ।

ତଥାତା

ସଂସାରୀ ହୁଏ ବା ସନ୍ୟାସୀ ହୁଏ
ଫଳର ଆକାଂକ୍ଷା ପାଖେ ତା ଥାଏ।
କର୍ମର ଉଦ୍ଦେଶ୍ୟ ପୂରଣ କରେ
ସଦା ଆବଶ୍ୟକ କଥା ସେ ଧରେ।

ଯାହା ଯେତେବେଳେ ଘଟିଲା ଜାଣ
ସାଧୁ ତାକୁ ସଦା କରେ ଗ୍ରହଣ।
ଦେଇଥାଏ ନୂଆ ସମସ୍ୟା ମନ
ରାସ୍ତା ବି ଦେଖାଏ ତା ସମାଧାନ।

ତୁମେ ଖାଲି ଚିନ୍ତା କରି କି ରୁହ
ଅଯଥା ସୁନ୍ଦର କ୍ଷଣକୁ ଖାଅ।
ଯଦି ଭାବୁଥାଉ ସେହି ସୁନ୍ଦର
ସେଥିରେ ରହିଛି ପ୍ରଭୁ ସ୍ୱାକ୍ଷର।

ଚାହାନ୍ତି ସମସ୍ତେ ନିଜର ମାନ
ସଦା ଭୁଲିଯାଏ ପ୍ରଭୁଙ୍କ ଦାନ।
ଖାଲି ଭାବି ହେଉ ପ୍ରତିଭା ଧନ
ଆଉ ଅନ୍ୟମାନେ ଯେ ହୀନିମାନ।

ବିଧିର ବିଧାନ ନୁହେଁ ସେପରି
କ୍ଷଣକେ ବଦଳେ ଚେତାକୁ ଧରି।
ଯେଉଁ ଫଳ ତୁମ ପାଖରେ ଥାଉ
ତଥାତା ଭାବରେ ସ୍ୱୀକାର ପାଉ।

ଆଗାମୀ ଦିନକୁ ଚିନ୍ତା ନ କର
ଯାହା ଆସୁ ତାକୁ ସ୍ୱାଗତ କର।
ଚିନ୍ତାରେ ରହିଲେ ମହଙ୍ଗା ହେବ
ଜୀବନ ଶୈଳୀକୁ ବିଗାଡ଼ି ଦେବ।

ଅହୋଭାବେ ଗତି କରେ ସ୍ୱୀକାର
ପହଞ୍ଚାଇଦିଏ ଅନ୍ତର ଦ୍ୱାର।
ବୋଧର ସହିତ ରୁହ ସନ୍ତୋଷ
ଚେତନା କରିବ ତୁମ ବିକାଶ।

ମନ ଯାର ହୋଇ ଗଲା କୁଟୀଳ
ବେଦ ଗାଇଲେ ବି ହୁଏ ବିଫଳ।
ଯିଏ ବା ଆଘାତ ପାଇଲା ଜାଣ
ପ୍ରତିଶୋଧ ପାଇଁ ଥାଏ ତା ପ୍ରାଣ।

ପ୍ରତିହିଂସା ଭାବ ମନରୁ ମଲେ
ତେବେ ତା ସୁନ୍ଦର ଅନ୍ତର ଖୋଲେ।
ଯଦି ନ କରୁ ତୁ ସଦା ସ୍ୱୀକାର
ଜୀବନ ଶୈଳୀରେ ଭରେ ଜହର।

ଜିତିଲା ଯେ କରାମତି କୁ ଗାଏ
ହାରିଗଲେ ଭାଗ୍ୟ ଦୋଷ ସେ ଦିଏ।
ମୂଲ୍ୟାଙ୍କନ ନାହିଁ ହାର ଜିତ୍ ରେ
ସବୁର ଆଧାର ଥାଏ ସ୍ୱୀକାରେ।

ହାରିଲେ ତୁ ହରି ନାମକୁ କୁହ
ଜିତିଲେ ବି ନାମ ରସକୁ ପିଅ।
ଯାତରା ପୂର୍ବରୁ ନେଉ ତୁ ନାମ
ସାକ୍ଷାତରେ କହୁ ରାମ ରାମ।

ହାରିବା ଜିତିବା ନିଜର ଜ୍ଞାନ
ସହଜ ହୋଇଲେ ବୁଝିବୁ ମନ।
ଜୀବନରେ କିଛି ସୁନାମ କର
ନାମକୁ ଶୁଣିକି ପ୍ରେମକୁ ଧର।

ଶ୍ୱାସ ଆସିବାରେ ସତ ଧରିବ
ଛାଡ଼ିବା ବେଳେ ତୁ ନାମ ଭାବିବ।
ଦୁହିଁଙ୍କ ମିଳନୁ ସତନାମ ହେବ
ପରମ ରାସ୍ତା ଯେ ଆପେ ଖୋଲିବ।

ସବୁର ମୂଳରେ ତଥାତା ଭାବ
ଅନ୍ତର ଶୁଦ୍ଧିଲେ ଜାଣିବୁ ନାବ।
ଛାଡ଼ିବା ଶ୍ୱାସରେ ନିଜେ ତୁ ମାତ
ସମ୍ୟକ କର୍ମରେ ପାଇବୁ ମିତ।

ପ୍ରୀତିର ମୂଳରୁ ପ୍ରଜ୍ଞା ଜାଗିବ
ଧ୍ୟାନ ଆପେ ଆପେ ଉତୁରି ଯିବ।
ପ୍ରବେଶିଲେ ଧ୍ୟାନ ଶୂନ୍ୟ ଦର୍ଶନ
ସହଜ ସମାଧିର ଆଗମନ।

ଅସ୍ତିତ୍ୱର ଖେଳ ଉତ୍ସବ ମୟ
ଜୀବନ ଯାତରା ଲୀଳାର ଭୟ।
ବ୍ୟର୍ଥକୁ ଭୁଲିକି କର ସ୍ୱାଗତ
ଅନ୍ତରୁ ହଜିବ ସଦା ବିଗତ।

ବିଷପାନ କରି ଅମୃତ ଚାଖ
ତଥାତା ସାଧିକି ଆନନ୍ଦେ ଲାଖ।
ଜଗତ ମାନିଲେ ଯେ ସାଧୁବାଦ
ପୀଡ଼ା ଦେଉଥିଲେ ସେ ଧନ୍ୟବାଦ।

କର୍ମର ହିସାବ ରଖିବ ନାହିଁ
ଦାନ କଲାପରେ କହନି ମୁହିଁ।
'ମୁଁ' ପ୍ରକାଶିଲେ ଅହଂ ଜାଗିବ
ନିରବ ରହିଲେ ସଦା ଶିଖିବ।

ସହଜେ ମିଳିଲେ ଲାଗଇ କ୍ଷୀର
ମାଗିଲେ ଅନ୍ୟକୁ ଲାଗଇ ନୀର।
କିଛି ନ ମାଗି ତୁ କର ସ୍ୱୀକାର
ଅଧିକ ଚାହିଁଲେ ରକ୍ତର ଧାର।

ସହଜ ସ୍ଥିତିକୁ ଗ୍ରହଣ କର
ଏହି ଯେ ଅଟଇ ନିୟମ ତୋର।
ବିପଦରେ କେବେ ଭାଙ୍ଗିବୁ ନାହିଁ
ସଙ୍କଟ ଆସିଲେ ଜଗିବୁ ତୁହି।

ଅନ୍ତିମ କାଳରେ ହୋସରେ ଥିବୁ
ପର ଜନମକୁ ମନେ ରଖିବୁ।
ଆରମ୍ଭିବ କାମ ଜାଣ ଯେଉଁଠୁ
ସହଜିବ ଯାତ୍ରା ମୂଳ ସେଇଠୁ।

ଜୀବାତ୍ମା ଅଟଇ ଚୈତନ୍ୟ ମନ
ତାହାରି ଭିତରେ ଥାଏ ଦୁର୍ଜନ।
ସଜ୍ଜନ ସହିତ ଦୁର୍ଜନ ଥାଏ
ଦୁହିଁଙ୍କୁ ସମାନ ରାସ୍ତା ଦେଖାଏ।

ଏବେ ଯା ପାଉଛ କାଲିକୁ ଯିବ
ଖାଲି ଆଶାକଲେ ହୋଇବୁ ଶବ ।
ଧନ ପାଇଗଲେ ଭାବୁ ବହୁତ
ପଦ ମିଳିଗଲେ ହେଉ ତୁ ପ୍ରୀତ ।

ସବୁ ହଜିଯାଏ କ୍ଷଣିକ ପାଇଁ
ବେହୋଶ ଜୀବନ ପାଇବୁ ତୁହି ।
ଶ୍ରମରୁ ମିଳେନି ପ୍ରଭୁ ସ୍ୱୀକୃତି
ସହଜ ହୋଇବ ସ୍ୱୟଂର ପ୍ରୀତି ।

ଜୀବନରେ ଯେତେ ବନ୍ଧୁ ଆସନ୍ତି
ଦେବା ବେଳ ହେଲେ ପିଠି ବୁଲାନ୍ତି ।
ଭାଷଣବାଜି ତା ନିଜର କାମ
ହାତରୁ ଖସିଲେ କହେ ସେ ରାମ ।

ଆଉ କିଛି ପାଇ ଭୁଲି ଯାଆନ୍ତି
ଧନ କମାଇବା ରେ ମାତିଥାନ୍ତି ।
ପରିବାର ହେଲା ଦୁଃଖର ଘର
ସୁଖ ପାଲଟିଲା ଭୋଗର ଦ୍ୱାର ।

ବିପଦ ଆସିଲେ ହୁଏ କାତର
ସମ୍ପଦ ପାଇଲେ କହେ ଚାତର ।
ପ୍ରତିକୂଳ ଦେଖି ପାଏନି ଶାନ୍ତି
ଧ୍ୟାନକୁ ଛାଡ଼ିଲେ ନ ହେବ କ୍ରାନ୍ତୀ ।

କ୍ରାନ୍ତୀର ମୂଳରେ ଆତ୍ମ ସ୍ମରଣ
ସହଜ ଚିତ୍ତରେ ଗୁରୁ ଗ୍ରହଣ ।
ସହଜେ ପୂଜିଲେ ଗୁରୁ ଚରଣ
ସତ୍ୟର ରହସ୍ୟ ଜାଣିବ ପୁଣ ।

ସତ୍ୟ ଏକା ପ୍ରଭୁ ନାମେ ଆଧାର
ସାକ୍ଷାତ ଅଟଇ ଗୋବିନ୍ଦ ତୋର ।
ବ୍ୟର୍ଥ ଭାବନାକୁ ଭୁଲିବୁ ସଦା
ମନରୁ ହୋଇବ ବିଚାର ବିଦା ।

ନାମ ସୁମିରଣ ଅଟଇ ଧ୍ୟାନ
ତଥାତା ସାଧନା ମୁକ୍ତିର ଜ୍ଞାନ ।
ସହଜ ସମାଧି ଅଟଇ ବିଧି
ଜଗନ୍ନାଥ କହେ ଏହି ଔଷଧି ।

ଅମୃତ

ଶରୀର ଅଟଇ ମାଟି କଣ୍ଢେଇ
ଆଘାତ ପାଇଲେ ତୁଟେ ତ ସେହି।
କ୍ଷଣିକ ଭିତରେ ମିଳାଏ ସତ୍ତା
ମଣିଷ ପାଏନା ତାହାର ପତ୍ତା।

ମୋହ ମାୟାକୁ ସେ ଛାଡ଼େନି କେବେ
ପ୍ରକୃତି ଯାଏନି ମଲେ ବି ତେବେ।
ଆନନ୍ଦକୁ ଭୁଲି ଦୁଃଖକୁ ଧରେ
ମସ୍ତିକୁ ଛାଡ଼ିକି ବିଚାରେ ମରେ।

ଅସଲି ସୁଖ ଯେ ଦୁଃଖରେ ଥାଇ
ଯାହାକୁ ଯାଚିଲେ ନିଏନି କେହି।
ସେହି କ୍ଷଣଟିତ ଆନନ୍ଦ ମୟ
ସୁମିରଣ କଲେ ହୁଏ ଉଦୟ।

ଯେବେ ତୁ ପାଇବୁ ଭିତର ପତା
କଣ୍ଠରୁ ଝରିବ ଅମୃତ ଗୀତା।
ପାଠ ନ ପଢ଼ିକି କଲମ ଚାଲେ
ମନ୍ତ୍ର ନ ଜାଣିକି ବେଦ ବି ମେଲେ।

ଦର୍ଶନ ପାଏ ସେ ନାମକୁ ଧରି
ଯିଏ ସୁମରିଲା ହୁଏ ସେ ପାରି ।
ପାରି ହେବା ମୂଳେ ରାମର ରସ
କ୍ରୋଧ ହୋଇଯାଏ ଅମୃତ ହସ ।

କଥା କର୍ମ ଆଚରଣରେ ଶୁଦ୍ଧ
ଜଗତ ଜାଣଇ ଏଇ ତ ବୁଦ୍ଧ ।
ସେହି ଅହିଂସକ ମନର ଭାବ
ସଂସାରକୁ କହେ ମୁକ୍ତିର ନାବ ।

ଦୁଃଖ ସୁଖ ଦୁହେଁ ଅଶାନ୍ତି ଦିଏ
ଜଗି ନ ପାରିଲେ ପ୍ରଜ୍ଞାକୁ ଖାଏ ।
ଦୁଃଖ ବାଧା ଦିଏ ଅନ୍ତର ଜ୍ଞାନ
ସୁଖ ସଦା ଭରେ ଯେ ଉତ୍ତେଜନ ।

ଭଲ ଓ ମନ୍ଦକୁ ସ୍ୱୀକାର କର
ଝରିବ ଅନ୍ତରୁ ଆନନ୍ଦ ଧାର ।
ଘଟଣା ହୁଏ ବା ସଂସାର ହୁଏ
ବିକଶିତ ହେଲେ ମଉଳି ଯାଏ ।

ଫୁଲଟି ପରି ସେ କ୍ଷଣିକେ ଫୁଟେ
ଆଘାତ ପାଇଲେ ସଦା ସେ ତୁଟେ ।
ତଥାପି ସୁଗନ୍ଧ ଭରିକି ଯାଏ
କ୍ଷଣିକ ଭିତରେ ପ୍ରାଣ ହଜାଏ ।

ଜୀବନ ଗୋଟିଏ ଚଳନ୍ତା ଗାଡ଼ି
ନ ଜାଣି ପାରେ ସେ ନିଜର ଘଡ଼ି ।
ସନ୍ଥ ହସୁଥାଏ ମନକୁ ମୋଡ଼ି
ଯାହା ସବୁ ଘଟେ ସତ୍ୟର ସିଡ଼ି ।

ଆଉ ସବୁ ଯେତେ ମଣିଷ କୃତ୍ୟ
ମଲା ବେଳେ କୁହେ ରାମ ତ ସତ୍ୟ ।
ରାମ ନାମ ସତ୍ୟ କହିବା ସାର
କେବେ ବୁଝେ ନାହିଁ ରହସ୍ୟ ତାର ।

ଜଣଙ୍କୁ ଘଟିଲେ ଅନ୍ୟ କହନ୍ତି
ଶୁଣିବା ବାଲା ବି ହୋସ୍ ହରାନ୍ତି ।
କି ସୁନ୍ଦର କରି ଶରୀ ଗଢ଼ିଛି
ଯତନରେ କେତେ ଖାନା ଖାଉଛି ।

ଆଘାତ ପାଇଲେ ଦରଜ ଲାଗେ
ଅନ୍ୟକୁ ଦଣ୍ଡିଲେ କେବେ ନ ଜଗେ ।
ଶ୍ମଶାନ ଘାଟ ତା ଅଛି ଅନାଇ
ଅତିଥି ହୋଇ କି ଯିବୁ ତୁ ସେଇ ।

ଖାତିରି କରେ ନି ଅନ୍ୟର ପାଳି
ସାଧାରଣ ଭାବି କଲେ ସେ କଳି ।
ନିଜର ଖାତା କୁ ନିଜେ ନ ଖୋଲ
ବିଗତ କର୍ମକୁ ସଦା ତୁ ଭୁଲ ।

ବାହାର ସହିତ ଭିତର ଧର
ସେଇଠୁ ପାଇବ ଧ୍ୟାନର ଦ୍ୱାର ।
ଶରୀର ମରିଛି ଯେ ବାରମ୍ବାର
ମୃତ୍ୟୁ ଆସିଥାଏ କେତେ ପ୍ରକାର ।

ସବୁ ହୋଇଯାଏ ଚିତାର ଦ୍ୱାର
ଚେତନା ଅଟଇ ଶାଶ୍ୱତ ଡୋର ।
ନିର୍ବିଷୟ ହେଲେ ଆଧାର ହେବ
ଅମୃତର ଧାର ଫିଟି ତ ଯିବ ।

ଆଙ୍ଗୁଳି ମାଳା ଯେ ଛାଡ଼ିଲା ହିଂସା।
ଗୌତମ ବୁଦ୍ଧଠୁଁ ଭୁଲିଲା ଆଶା।
ପାର୍ଥକୁ ଡାକଇ ଯେ ଯୋଗେଶ୍ୱର
ଜଣାଏ ଶ୍ରଦ୍ଧାରେ ଫିଟଇ ଦ୍ୱାର।

ସମ୍ଭାଳ ନିଜକୁ ଭୁଲି ବାହାର
ଅନ୍ତରୁ ଜଗିକି ସୂତ୍ରକୁ ଧର।
ବାଣୀରେ ମଧୁର କାମରେ ସ୍ଥିର
ମଉନ ରହିଲେ ଶୁଣିବୁ ସ୍ୱର।

ସେ ସ୍ୱର ଅଟଇ ନାମ ଆଧାର
ସୃଷ୍ଟିର ପ୍ରତୀକ ସତ୍ୟର ପୀର।
ସତ୍ୟ ଯେ ଅଟଇ ଧ୍ୱନି ଶୂନ୍ୟର
ନାମ ସୁମରିଲେ ସଦା ନିର୍ଝର।

ସ୍ୱର୍ଗରେ ନ ଥାଏ ଯେ ଅପସରା
ନର୍କ ଯେ ନ ମିଳେ ମର୍ତ୍ତ୍ୟରେ ପରା।
ଜାଗ୍ରତ ରହିଲେ ଜାଣିବ ସତ୍ତା
ବେହୋଶ ରହିଲେ ଭାଗ୍ୟ ଯେ ପିତା।

ଜାଗ୍ରତ କ୍ଷଣରେ ମୃତ୍ୟୁ ଯେ ପାଏ
କ୍ଷଣିକ ମଧ୍ୟରେ ମୁକ୍ତି ତା ହୁଏ।
ଜୀବନ ଅଟଇ ମହା ସାଗର
ସମସ୍ତେ ଦେଖନ୍ତି ସଦା ଉପର।

ଯେପରି ଲହରୀ ଉପରେ ଭାସେ
ଭିତରେ ସେପରି ପ୍ରଶାନ୍ତି ରସେ।
ସାକ୍ଷୀ ଭାବେ ଯିଏ ଚେତାକୁ ଜାଣେ
ଅମୃତ ଝରଇ ପ୍ରତିଟି କ୍ଷଣେ।

ଏକ ଦିନେ ସାକ୍ଷୀ ଆପେ ଜଗିବ
ସେହି କ୍ଷଣେ ପ୍ରାଣ ଯାଉ ତ ଥିବ।
ଦିନେ ଚାଲିଯିବ ଏଇ ସଂସାରୁ
କାମନା ହଜେନି ସଦା ଭିତରୁ।

ବାହାର ଆବାଜ ସବୁ ତୁଟିବ
ମନ ନିଜବାଟ ନେଇ ଚାଲିବ।
ମନତ ଅଶାନ୍ତ ଭ୍ରମର ଘର
ମରିଗଲା ପରେ ଭାବୁ ଅମର।

କ୍ଷଣିକ ପୂର୍ବରୁ ନ ଜାଣୁ ତୁହି
ପୁଣି ଜନ୍ମ ନେବୁ ମନକୁ ନେଇ।
ମନକୁ ଅମନ କରିବା ଶିଖ
ଏଇ ଜନମରେ ମୃତ୍ୟୁ କୁ ଚାଖ।

ନିଜ ଅହଂକାର ଅଜ୍ଞାନ ରୂପ
ନିଜେ ନ ଜଗିଲେ ପାଇବୁ ଶାପ।
ମନ ଯେ ଅଟଇ ଅନନ୍ତ ମୟ
ପ୍ରତିକ୍ଷଣେ ଦିଏ ବିପଦ ଭୟ।

ସତ୍ୟ ଭକ୍ତି କୁ ଯେ କରେ ସ୍ୱାଗତ
ସେହି ଯେ ଅଟଇ ଅମୃତ ସୂତ।
ଜୀବନ ଯାତ୍ରାକୁ ଉତ୍ସବ ଧର
ମୃତ୍ୟୁ ଯେ ଆସିଲେ ସ୍ୱାଗତ କର।

ଆନନ୍ଦରେ ଥାଇ କର ପାଳନ
ଚେତନା ସାଜିବ ଅମୃତ ଧ୍ୟାନ।
ଧ୍ୟାନ ଯେ ଅଟଇ କଳିର ଅସ୍ତ୍ର
ସମ୍ବୋଧି ହୁଅଇ ଚୈତନ୍ୟ ଶାସ୍ତ୍ର।

ଆନନ୍ଦ

ଯାଉଥିବା ଶ୍ୱାସ ଗହୀରା ହେଉ
ଆସୁଥିବା ଶ୍ୱାସ ଲମ୍ବା ବି ଥାଉ।
ଗହୀରା ଶ୍ୱାସରୁ ଅମୃତ ଝରେ
ଲମ୍ବାଳିଆ ହେଲେ ଆନନ୍ଦ ପୁରେ।

ପରମ ସହଜ ଅବସ୍ଥା ଧରେ
ପ୍ରଶାନ୍ତ ଚିତ୍ତରେ ଆକାଶ ଭରେ।
ଜଗତରେ କିଏ ନାହିଁ ଯେ ଦୁଃଖୀ
ସଦା କେବେ ରହି ପାରେନି ସୁଖୀ।

ସୁଖ ଦୁଃଖ ଦୁହେଁ ପରିବର୍ତ୍ତନ
ଫଳକୁ ନ ଦେଖି ଦିଅରେ ଧ୍ୟାନ।
ମାନବ ଏକଲା ଦୁଃଖୀ ଅଟଇ
ଆଉ ସବୁ ଜୀବ ଆନନ୍ଦେ ରହି।

ଯେତେ ପ୍ରିୟ ହେଲେ ଯିବ ତ ଦିନେ
କଷ୍ଟ ଆସିଲେ ବି ରହେନି ମନେ।
ସଂସାରରେ ଥାଇ ସହଜ ହୁଅ
ବୈରାଗ୍ୟ ଜନ୍ମିଲେ ସୂତ୍ରକୁ ନିଅ।

ଆନନ୍ଦ ତୁମର ଅଟେ ସ୍ୱଭାବ
ଭିତରୁ ଲାଗିବ ଅମୃତ ନାବ।
ନାଦର ଠିକଣା ସଦ୍ ଗୁରୁ ଦେବ
ଭିତରେ ଜାଗିବ ଶ୍ରଦ୍ଧାର ଭାବ।

ବଗିଚାରେ ଦେଖ ଫୁଲ ଖେଳୁଛି
ସୂରଜ କିରଣେ ରଙ୍ଗ ହସୁଛି।
ଭ୍ରମର ଧାଉଁଛି ମଧୁ ସଂଗ୍ରହେ
ଆନନ୍ଦରେ ପକ୍ଷୀ ସଂଗୀତ ଗାଏ।

ସଚ୍ଚା ଶବଦକୁ କର ସ୍ମରଣ
ଆତ୍ମ ଅଭିଯାନେ ହେବୁ ରମଣ।
ପରମାନନ୍ଦ ଯେ ଗୋବିନ୍ଦ ରୂପ
ସାକାରେ ଥାଇ ସେ ନାମ ଅରୂପ।

ସଭିଙ୍କ ଆତ୍ମାରେ ସେ ବିଦ୍ୟମାନ।
ଚେତା ବିକଶିଲେ ଜାଣିବୁ ଧନ।
ମୌସୁମୀ ଆସିଲେ ବୃକ୍ଷ ଦୋହଲେ
ବାହାର ଦେଖିଲେ ମନ ବି ଡୋଲେ।

କେବେ ଆନନ୍ଦିତ କେବେ ନିନ୍ଦିତ
ଆଜି ଯେ ଜୀବନ୍ତ କାଲି ସେ ମୃତ।
ବରଷକେ ହୋଲି ଥରକେ ଆସେ
ସନ୍ଥ ସଦା ଆନନ୍ଦିତରେ ହସେ।

ସଂସାରୀଟି ହୁଏ ସଦା ତ ଦୁଃଖୀ
ନିଜ କାରଣରୁ ନ ହୁଏ ସୁଖୀ।
ଦୁଃଖଟିର ଅନ୍ତ ନାହିଁ ଯେ ଜାଣ
ଆଶା ଶୂନ୍ୟ ହେଲେ ନ ଆସେ ପୁଣ।

ଦୁଃଖ ଆସିଲେ ବି ନ ରହୁ ଭୟ
ଅକାରଣ ସୁଖ ଆନନ୍ଦ ମୟ।
ଯାତରାରେ କେବେ ନିଷେଧ ନାହିଁ
ମନ୍ଦିର ଯାଅ ବା କାବା କୁ ତୁହି।

ପୂଜା କରି ବସି ନାମକୁ ଶୁଣ
ସାକାରେ ଥାଇ ବି ଶୂନ୍ୟରୁ ଜାଣ।
ସୁମିରଣ ଥିଲେ ନ ଥାଏ ଭୟ
ସ୍ୱୀକାର କରାଏ ଅମୃତ ମୟ।

ପିଲା ବଦମାସୀ ସଦା ଯେ କରେ
ଅଭିଭାବକ ଯେ କମ୍ପନେ ଥରେ।
ବୃଥା ଗାଳିଦେଇ ହୁଏ ସେ ଦୁଃଖୀ
ମନ ଖୁସି କରେ ଭୁଲିକି ସାକ୍ଷୀ।

ଅଧିକ ପାଇବା ଆଶା ଯେ କରେ
ପର ତୁଳନାରେ ସଦା ସେ ମରେ।
ନିଜର ଚରଚା ତୁହି ନ କର
ଆନନ୍ଦ ହଜିବ ଭିତରୁ ତୋର।

ଅନ୍ତର ପ୍ରସନ୍ନ ଅସଲି ଧନ
ପ୍ରଶାନ୍ତ ରହିଲେ ଜାଣିବୁ ମନ।
ମନର ଶୂନ୍ୟତା ରାସ୍ତା ଗୋଟିଏ
ଧ୍ୱନିର ଶ୍ରବଣ ବାଟ ବତାଏ।

ନିଜର ବୋଧ ଯେ ଶାଶ୍ୱତ ହେବ
ସତ୍ୟ ଏକ ଦିନେ ଇସାରା ଦେବ।
ଆନନ୍ଦ ତୁମର ହେବ ସ୍ୱଭାବ
ବଦଳି ଯିବ ତୋ ଦୃଷ୍ଟିର ଭାବ।

ହରି ସୁମିରଣ ଅଟେ ଆନନ୍ଦ
ସେଥିରେ ମିଶିଲେ ହଟଇ ଦ୍ୱନ୍ଦ।
ନିଜର ନିଶୁଣି ସ୍ୱର୍ଗକୁ କର
ନରକ ତୋ ଠାରୁ ହୋଇବ ଦୂର।

ନିଜର ଭିତରେ ମସ୍ତି ରଖିବ
କମ୍ପନ ଯେ ଆପେ ଉତରି ଯିବ।
ସାକ୍ଷୀ ଭାବ ରଖି ଶାନ୍ତ ହୋଇବ
କ୍ଷଣିକ ଭିତରେ ମୁକ୍ତି ପାଇବ।

ଦୁନିଆରୁ କିଛି ପାଇବା ପାଇଁ
ମନ ମାରିଦିଅ ସଦା ତୁ ଭାଇ।
ସଉଦା କରନି ଗୁରୁଙ୍କ ଆଗେ
ଆତ୍ମ ଲୋକ ଯିବା ତୋ ଠାରୁ ଭାଗେ।

ବାହାର ଭୋଗ ଟି ରହିବ ନାହିଁ
ଆଜି ବା କାଲିକୁ ହଜିବ ସେହି।
ବାହାର ସୁଖ ତ କ୍ଷଣ ଭଙ୍ଗୁର
ଭିତର ଆନନ୍ଦ ଅଟେ ମଧୁର।

ଅସଲି ପୂଜା ତ ସଦା ଭିତରେ
ସାଗରର ସୁଖ ସେଇଠୁ ଝରେ।
ନାମ ପରିଚୟ ଅନ୍ତର ଧନ
ଭିତର ଆନନ୍ଦ ଓ ସନାତନ।

ସୁରତୀ ସଂଯୋଗ ଗୁରୁଙ୍କ ଦାନ
ଦୀକ୍ଷା କ୍ଷଣରେ ତୁ ଜାଣିବୁ ମନ।
ସ୍ୱୟଂର ସ୍ମରଣ ପାଇବୁ ଜାଣ
ସୁମିରଣ ହେବ ନାମ ସ୍ମରଣ।

ନିରନ୍ତର ଶୁଣି ମିଳେ ଔଷଧି
ଆନନ୍ଦ ଲାଗଇ ଗଲେ ସମାଧି ।
ସମାଧି ଅଟଇ ଯେ ସମାଧାନ
ପୂର୍ଣ୍ଣ ମାନବର ଏଇତ ଜ୍ଞାନ ।

ନାମ

କି ଅମୂଲ୍ୟ ଧନ ଲୁଚି ରହିଛି
ଗୁରୁ ଦେଲେ ଶିଷ୍ୟ ନାମ ନେଉଛି ।
ନାମର ସାହାରା ସବୁ ଆଧାର
ମୀରା ଗାଉ ପଛେ ସନ୍ଥ କବୀର ।

ଗୁରୁଙ୍କ ଇସାରା ଅନ୍ତର ସ୍ୱର
ପହଞ୍ଚାଇ ଦିଏ ଗୋବିନ୍ଦ ପୁର ।
ମୁନି ଋଷି କହେ ନାମ ଓଁ କାର
ସଚ୍ଚା ଶବଦଟି ସବୁ ଉର୍ଦ୍ଧ୍ୱର ।

ସେହି ଆଦିଧ୍ୱନୀ ପରମ ଧନ
ସନ୍ଥ କହେ ତାକୁ ରାମ ରତନ ।
ସ୍ଥୂଳରେ ଥାଇ କି ସୂକ୍ଷ୍ମରେ ବାଜେ
ପରିଚିତ ହେଲେ ସାଧକ ହଜେ ।

ସୁରତୀ ଯୋଡ଼ିଲେ ଗୁରୁ କୃପାରେ
ସମାଧି ଲାଗଇ ଆତ୍ମାର ପୁରେ ।
ଗୋବିନ୍ଦ ସାଥିରେ ହୁଅଇ ଏକ
ସାକ୍ଷାତ ପାଇଲେ ଭିତରୁ ଦେଖ ।

ସୁମିରଣ ଅଟେ ସାଧନା ଚାବି
ଗୁରୁ ଦେଇଥାନ୍ତି ଶିଷ୍ୟକୁ ଭାବି।
ନାମର ଦୀକ୍ଷା ଯେ ଦିଅନ୍ତି ଗୁରୁ
ଅସ୍ତିତ୍ୱ କୃପାରୁ ଶୁଭେ ଭିତରୁ।

ସେ ଶବଦ ହୁଏ ଯେ ନିରନ୍ତର
ଅକ୍ଷୟ ଅରୂପ ତାର ଆଧାର।
ପାଟି କଣ୍ଠ ଜିଭ ଲାଗଇ ନାହିଁ
ନିରାକାରୁ ଆସେ ସଦା ତ ବହି।

ବିନା ଆଘାତରେ ବାଜଇ ବାଜା
ଅନୁଭବ ହେଲେ ଲାଗଇ ରାଜା।
ବାହାର ଶବଦ ମାଧ୍ୟମେ ସୃଷ୍ଟି
ଅନ୍ତରୁ ଝରିଲେ ହୁଅଇ ବୃଷ୍ଟି।

ଭୌତିକ ସଂବନ୍ଧ ହୋଇବ ଛାଡ଼
ନିଜ କେନ୍ଦ୍ର ସଙ୍ଗେ ହେବରେ ଯୋଡ଼।
ସଦା ଗୁଞ୍ଜରଣ ହୁଏ ଭିତରେ
ପ୍ରକାଶିତ ହୁଏ ଶୂନ୍ୟ ଆକାରେ।

ଅନାହତ ନାଦ ତାର ତ ବାଜା
ଶ୍ରବଣ ପାଇଲେ ଗୋବିନ୍ଦ ପୂଜା।
ପରମ ବିଶ୍ରାମେ ସଦା ମଜ୍ଜିବ
ଗୋବିନ୍ଦ ତୋ କାମ ନିଜେ କରିବ।

ଜ୍ଞାନର ମୂଳ ଯେ ସଙ୍ଗୀତ ଶୁଣ
ତୃତୀୟ କାନରେ ଗୋବିନ୍ଦ ଜାଣ।
ଅଜପା ଅକୁହା ଅନନ୍ତ ଲୟ
ସମାଧି ଘଟାଏ କ୍ଷଣିକ ମୟ।

କିଛି କରିବାକୁ ପଡ଼େ ତ ନାହିଁ
ଶ୍ରବଣ କରିଲେ ଜାଣିବୁ ତୁହି ।
ଯିଏ ଲେଖୁଥାଏ ରାମର କଥା
ମହା କବି ହୋଇ ପାରେ ତା ସତ୍ତା ।

ଯିଏ ରାମ କଥା ଭିତରୁ ଶୁଣେ
ସତ୍ୟର ରହସ୍ୟ ଆପେ ସେ ଜାଣେ ।
ମନ୍ଦିର ତୀର୍ଥରେ ଆବାଜ ଦେଉ
ଅସଲି ଶବଦ ଭିତରୁ ପାଉ ।

ପ୍ରଜ୍ଞା ବିନା ପାଠ ଆଉ ତ ନାହିଁ
ନାମ ବିନା ସାଧୁ କାହିଁ ହୁଅଇ ।
ବିନା ଶ୍ରବଣରେ ଧ୍ୟାନ ହୁଏନି
ବିନା ଶବଦରେ ସମାଧି ଯା ନି ।

ନାମର ସାଧନା ଗୁରୁଙ୍କୁ ଜଣା
ଆଶ୍ରିତ ହୋଇଲେ ହୁଏ ନି ଊଣା ।
ମନ୍ତର ନୁହେଁ ସେ ମହା ମନ୍ତର
ସବୁର ଆଧାର ସୃଷ୍ଟିର ଧାର ।

କୃଷ୍ଣର ବଇଁଶୀ ନାଚ ମୀରାର
ନାମ ରାସ ଦିଏ ସ୍ୱର୍ଗର ଦ୍ୱାର ।
ଶୁଣିଲେ ଯେ ପୁଣ୍ୟ ନ ଶୁଣେ ପାପ
ମଜ୍ଜିଗଲେ ତୁହି ହେବୁ ଅରୂପ ।

ସମସ୍ତ ରହସ୍ୟ ମୂଳର ନାମ
ରାମ ହେଉ ଶ୍ୟାମ ସବୁର କାମ ।
କାମରୁ ରାମ ତା ଅସଲି ଜ୍ଞାନ
ନାମକୁ ସାଧିଲେ ଜାଣିବୁ ଧନ ।

ରାମ ନାମ ହେବ ସବୁର ଦ୍ୱାର
ପରମେଶ୍ୱର ହିଁ ଏକା ଆଧାର ।
ସେଇତ ଅସ୍ତିତ୍ୱ ସାହିବ ତୋର
ସନ୍ଥ କହେ ତାକୁ ନାମ ଓଁକାର ।

ସୁମିରଣ

ପ୍ରଭୁଙ୍କ ସ୍ମରଣ ଅଟଇ ଜାଣ
ଅନ୍ତରେ ବାହାରେ ଚାଲେ ସେ ପୁଣ।
ନିରବ ରହିଲେ ଶୁଣିବୁ ସେହି
ଅନୁଭବ ହେଲେ ଜାଣିବୁ ତୁହି।

ଭିତର ଆକାଶେ ଯାତ୍ରା କରିବୁ
ଶୂନ୍ୟର ଆବାଜ ନିଜେ ଶୁଣିବୁ।
ଭିତରୁ ଶୁଭିବ କେତେ ପ୍ରକାର
ରୁଣୁଝୁଣୁ ଶବ୍ଦ ଆସିବ ତୋର।

ହଜିଯିବୁ ନିଜ ଚେତା ସହିତ
ପାଗଳ କରିବ ପ୍ରଭୁଙ୍କ ପ୍ରୀତ।
ଗୋବିନ୍ଦ ଦର୍ଶନ ଆୟାମ ଏକ
ପହଞ୍ଚାଇଦିଏ କେନ୍ଦ୍ରର ପାଖ।

ଅନ୍ତର ଗଗନ ହୋଇଲେ ଖୋଲା
ଜାଣିବ ସତ୍ୟର ଯେ ମଧୁଶାଳା।
ଯେଉଁଠୁ ବହୁଛି ସ୍ୱର ଝଙ୍କାର
ନିରନ୍ତର ଗତି ତାର ଆଧାର।

ଶବ୍ଦ ସହିତ ଜ୍ୟୋତି ପ୍ରକାଶ
ନିରାକାରେ ଭରେ ଗୋବିନ୍ଦ ରାସ।
ସୁମିରଣ ହୁଏ ପ୍ରଭୁଙ୍କ ନାମ
ସତ୍ୟ ଭକ୍ତି କହେ ସହିତ ରାମ।

ଯିଏ ନ ଶୁଣିଲା ଗୋବିନ୍ଦ ନାମ
ଦୂରେଇ ଯାଏ ତା ପାଇବା ରାମ।
ରାମ ନାମ ଗୁରୁ ସବୁ ତ ଏକା
ସୁମିରଣ କଲେ ଜାଣିବୁ ସଖା।

ସୁମିରଣ ଯାତ୍ରା ଯେ ଧ୍ୟାନ ପାଇଁ
ଆଧ୍ୟାତ୍ମିକ ପର୍ବ ଖୋଲଇ ସେହି।
ରାସ୍ତାରୁ ଅଳିଆ ହଟାଇ ଥାଏ
ନିର୍ମଳ ସ୍ଥିତିରେ ପହଞ୍ଚିଯାଏ।

ମନ ହେଲେ ଶୂନ ଆତ୍ମା ସକ୍ରିୟ
ସ୍ୱୟଂ ଯାତ୍ରା ପାଇଁ କରାଏ ଲୟ।
ନାମର ଜାହାଜ ଅଟଇ ସାର
ସଚ୍ଚା ଗୁରୁ ଦିଏ ତାର ସୂତର।

ସହଜ ହୋଇଲେ ମିଳଇ ରାମ
ସମ୍ୟକ କରିବ ନିଜର କାମ।
ବାସନା ହଜିବ ମନ ଭିତରୁ
ଆବାଜ ଆସିବ ଶୂନ୍ୟ ରୂପରୁ।

ସ୍ମରଣ କରିବ ହରିଙ୍କୁ ମନେ
ନିଜେ ଯେ ତାଙ୍କରି ଅଂଶ ତୁ ଜଣେ।
ଧ୍ୟାନ ତାକୁ କୁହ ପ୍ରେମ ବା କୁହ
ସବୁ ତ ଅଟଇ ମନର ସୁଅ।

ସ୍ମରଣ ବିନା ଯେ ଧ୍ୟାନ ତ ବୃଥା
ପ୍ରେମ ବିନା ଯାତ୍ରା ହୁଏ ଅଯଥା।
ସୂରତୀ ଅଟଇ ଧ୍ୟାନର ମଞ୍ଜି
ଭକ୍ତି ହୋଇଯାଏ ନିଜର ପୁଞ୍ଜି।

ଜ୍ଞାନ ଭରିଥାଏ ପ୍ରଜ୍ଞାକୁ ଧରି
ମନ ମରିଯାଏ ଶୂନ୍ୟ ଆବୋରି।
ଶୂନ୍ୟରୁ ଝରଇ ପୂର୍ଣ୍ଣ ଆବାଜ
ଦେଖିବୁ ଗଗନେ ରହସ୍ୟ ରାଜ।

ମଧୁର ସଙ୍ଗୀତ ରଙ୍ଗର ଜ୍ୟୋତି
ଅଧରେ ଫୁଟିବ ବାସନା ମୋତି।
କୋମଳ ଶବଦ ସମ୍ୟକ ବାଣୀ
ଧାର ଛୁଟୁଥିଲେ ବଦଳେ ଠାଣି।

ଶବଦିଲେ ଚିତ୍ତ ଜାଣିବୁ ଧ୍ୟାନ
ପ୍ରେମ ବରଷିବ ଯେ ଘନ ଘନ।
ଆସିବା ଶ୍ୱାସରେ ଗୁରୁଙ୍କୁ ଧର
ଯିବା ଶ୍ୱାସେ ନାମ ହୁଅଇ ପୀର।

ମଝିରେ ରହିବ ଗୋଟିଏ ଶୂନ
ପ୍ରତ୍ୟାହାର ହେବ ଅସଲି ଜ୍ଞାନ।
ଅକମ୍ପ ସ୍ଥିତିରେ ହୋଇବ ଠାବ
କ୍ଷଣରେ ସମାଧି ଉତୁରିଯିବ।

କୁମ୍ଭକ ଘଟାଏ ଶ୍ୱାସର ଫାଙ୍କା
ଦିବ୍ୟନାଦ ଭରେ ନ ଥିଲେ ଶଙ୍କା।
ସେହି ସ୍ଥିର ଭାବ ବିଚାର ଶୂନ୍ୟ
ସେହି ତ ଶ୍ରବଣ ଅସଲି ପୂଣ୍ୟ।

ସୂରତୀ ଅଟଇ ଆତ୍ମ ସଂଯୋଗ
ଗୁରୁ କରିଥାନ୍ତି ତାର ପ୍ରୟୋଗ ।
ଆଖି ଖୋଲିଲେ ତୋ ପ୍ରଜ୍ଞା ବି ଶୁଦ୍ଧ
ଆଖି ବୁଜି ଦେଲେ ଧ୍ୟାନରୁ ବେଦ ।

ବେଦ ଯେ ଅଟଇ ସ୍ୱୟାଂନୁଭବ
ସତ୍ୟ ଏହି ବୋଲି ଜାଣନ୍ତି ଜୀବ ।
ସତ୍ୟ ମାର୍ଗ ଜାଣ ଅଟଇ ଧ୍ୟାନ
ସାକ୍ଷୀ ସୁମିରଣ ସମାଧି ଜ୍ଞାନ ।

ପିଲାଦିନ ହୁଏ ସତ୍ୟର ଯୁଗ
ଯୌବନ ଅଟଇ ତ୍ରେତୟା ଭାଗ ।
ଦ୍ୱାପର ହୁଅଇ ପ୍ରୌଢ଼ର ରାଗ
କଳିଯୁଗ ଅଟେ ଦାରୁଣ ଭୋଗ ।

ହରି ବିସ୍ମରଣ ଆଣଇ ରାଗ
ସ୍ୱୟଂର ସ୍ମରଣ ହୁଅଇ ଯୋଗ ।
ସୁମିରଣରେ ତ ଯିଏ ରହିଲା
ଶୋଇ ରହିଥିଲେ ଜଗିବା ହେଲା ।

ଅଗଣା ତୁଳସୀ ଗଙ୍ଗା ସମାନ
ସନ୍ଥ ସଙ୍ଗ ବିନା ନୁହଇଁ ଜ୍ଞାନ ।
ଜ୍ଞାନ ତ ନୁହଁଇ ଯେ ଲେଖା ପଢ଼ା
ଶୁଦ୍ଧ ପ୍ରେମ ଆଉ ଧ୍ୟାନରୁ ଗଢ଼ା ।

ସନ୍ଥ କହେ ନାମ ସ୍ୱୟଂର ବୀଣା
ସୁମିରଣ କଲେ ହୁଅଇ ଜଣା ।
ମଧୁମୟ ହେବ ନିଜ ମନ୍ଦିର
ଜାଣିବୁ ସେହି ତ ଗୋବିନ୍ଦ ପୁର ।

ମୁକ୍ତିର ଅର୍ଥ ଯେ ନୁହେଁ ବିଚାର
ଆର ଜନମକୁ ନାହିଁ ଆଧାର।
ଆଗାମୀ ଯାତରା ନାମ୍ଭ ହଜିବ
ଏହି ଜନମରେ ସବୁ ଶୁଝିବ।

ଅମର ଲୋକକୁ ଆତ୍ମା ତା ଯିବ
ମୁକତି ପାଇବ ପରମ ଜୀବ।
ତୋଫାନ ବୋହିଲା ଯଦି ବାହାର
ଘରର ଝରକା ବନ୍ଦ କର।

ଯେବେ ଶାନ୍ତ ହୁଏ ଝଡ଼ର କୋପ
ତେବେ ତୁ ଜାଳିବୁ ଶୂନ୍ୟ ପ୍ରଦୀପ।
ସଂସାର କାମନା ଅଟଇ ଦୁଃଖ
ଘଟିଲେ ସମାଧି ପରମ ସୁଖ।

ସମାଧିରେ ସନ୍ଥ ବିଶ୍ରାମ ନିଏ
ହରି ତାର କାମ ଯେ କରୁଥାଏ।
ନଶ୍ଚଳ ନିରବେ ଶୁଣି ସେ ଶୁଏ
ଜାଗ୍ରତ ରହିକି ନିଦ୍ରାକୁ ପାଏ।

ପରମ ଅସ୍ତିତ୍ୱ ବଜାଏ ଗାନ
ପ୍ରକାଶରେ ପୁରେ ଅନ୍ତର୍ଗଗନ।
ସାକ୍ଷୀ ଭାବ ରଖି ମଗନ ହୁଏ
ଅନାହତ ନାଦ ଶୁଣୁ ସେ ଥାଏ।

ଦର୍ଶନରେ ପାଏ ପରମ ଜ୍ୟୋତି
ଅକମ୍ପ ସ୍ଥିତିରେ ଦେଖେ ସେ ମୋତି।
ଧିରେ ଧିରେ ତୁହି କର ସାଧନ
ସୁମିରଣ କଲେ ଶୁଦ୍ଧିବୁ ମନ।

ସରଳ ସହଜ ମଉନ ଭାବ
ନିଜେ ତୁ ଶୁଣିବୁ ପରମ ରାବ।
ସାରା ସର୍ଜନାର ଏକା ଆଧାର
ଜଗା କହେ ସେ ତ ଅସ୍ତିତ୍ୱ ସ୍ୱର।

ନାମର ସାଧନା ଅଟେ ଶ୍ରବଣ
ସୁମିରଣ ହେବ ପ୍ରଭୁ ସ୍ମରଣ।
ସେହି ତୋର ସୃଷ୍ଟି ସ୍ରଷ୍ଟାର ଗୁଣ
ସେହି ତ ଅସ୍ତିତ୍ୱ ପ୍ରସାଦ ପୁଣ।

ପ୍ରେମ

ଜ୍ଞାନୀ ଓ ଅଜ୍ଞାନୀ ଭିତରେ ଭେଦ
ନ ବାରି ପାରିଲେ ହୁଅଇ ଯୁଦ୍ଧ ।
ସମସ୍ତେ କରନ୍ତି ଅନ୍ୟକୁ ପ୍ରେମ
ସ୍ୱୟଂ କୁ ଜାଣିବା ଅସଲି ଧର୍ମ ।

ବିନା ପ୍ରେମ ବ୍ୟକ୍ତି ହୁଏ ପଥର
ପ୍ରେମ ଭରା ପ୍ରାଣ ଅମୃତ କ୍ଷୀର ।
ଲୋକେ ହସନ୍ତି ଯେ ପ୍ରେମକୁ ଦେଖି
ଦୁଶ୍ଚରିତ୍ର ମେଲେ ସଂସାର ଆଖି ।

ବୁଝିବାରେ ଥାଏ ନିଜର ଭାବ
ନ ବୁଝି ପାରିଲେ ମାନ୍ୟତା ହେବ ।
ସରଳ ଶ୍ରଦ୍ଧାରେ କରେ ଯେ କର୍ମ
ନ ଭାବିଲେ ଆଶା ବିଶୁଦ୍ଧ ପ୍ରେମ ।

ଭାବଟି ଉଠିଲେ ମନଟି ଉଡ଼େ
ଶୁଦ୍ଧ ଆଚରଣେ ପର୍ବତ ଚଢ଼େ ।
ମାନୁଛି ପଙ୍କକୁ ମାନ୍ୟତା ଦେଇ
ବିକଶିତ ହେଲେ ପ୍ରେମ ତୁ ପାଇ ।

ପ୍ରେମ ଯେ ନୁହଁଇ ସଂସାର କାମ
ନିଷ୍କାମ ଜାଣିଲେ ହୁଅଇ ରାମ।
ଶୁଣିଲେ ପଢ଼ିଲେ ପଣ୍ଡିତ ଗୀତା
ଅନ୍ତରୁ ଶୁଣିଲେ ଲାଗଇ ପତ୍ତା।

ଅବଶ୍ୟ ପଢ଼ିଲେ ଅନ୍ତରୁ ଗ୍ରନ୍ଥ
ସହଜିବ ଯାତ୍ରା ହୋଇବ ସନ୍ଥ।
ଶାନ୍ତ ତ ଅଟଇ ଶାନ୍ତିର ସ୍ୱାଦ
ପ୍ରଭୁ କୃପା ହେଲେ ଝରଇ ବେଦ।

ନୁହେଁ ରାମାୟଣ ବିନା ରାବଣ
ବିନା ରାଗ କ୍ରୋଧେ ନାହିଁ କଷଣ।
ରଣ ହୋଇଯାଏ ମହାଭାରତ
ଦୁର୍ଯ୍ୟୋଧନ ସାଜେ ଅହଂର ପୁତ।

ଯେଉଁ ନଦୀର ଯେ ନ ଥାଏ ଧାର
ଯେତେ ବଡ଼ ହେଲେ ସୀମା ତା ଘର।
ପ୍ରେମ ଯଦି ହୁଏ ଶୁଦ୍ଧ ସାଗର
ଶୂନ୍ୟ ଅନ୍ତରରୁ ଶୁଭିବ ସ୍ୱର।

ଗଗନ କମ୍ପିବ ଦେଇ ଆବାଜ
ବିକଶିତ ହେବ ଆଲୋକ ରାଜ।
ନିରାକାରେ ବାଜି ଉଠେ ଝଙ୍କାର
ପ୍ରେମ ପାଲଟିବ ଅସ୍ତିତ୍ୱ ନୂର।

ଧନ୍ୟ ହୁଏ ପ୍ରେମୀ ଯେ ଜଗେ ସଦା
ପ୍ରତି ଶ୍ୱାସ ହୁଏ ଶୂନ୍ୟର ରାଧା।
ଶୂନ୍ୟ ମନ ଅଟେ ପୂର୍ଣ୍ଣ ପ୍ରତିଭା
ଧନ୍ୟ ହୁଏ ସାଧୁ ଫୁଟେ ତା ଆଭା।

ସେଇ ମଉନତା ହଜାଏ ରାଗ
ସମାଧି ଘଟାଏ ଆସି ବୈରାଗ।
ପ୍ରେମରେ ଚାଲିଲେ ପ୍ରଭୁ ମିଳଇ
କ୍ରୋଧରେ ଧାଇଁଲେ ସବୁ ହରଇ।

ଯେଉଁ ଦିନ ଦୁଇ ଭାଗ ତୁ ହେବୁ
ଅସଲି ରାସ୍ତାର ସୂତ୍ର ନ ନେବୁ।
ସୂତ୍ର ହିଁ ସ୍ୱୟଂର ସଙ୍ଗୀତ ରାସ
ନିଜକୁ ଅର୍ପିଲେ ହଜିବ ବିଷ।

ନିଜ ପୃଥିବୀର ମାଲିକ ହେଉ
ଗଉରୀ ଶଙ୍କର ପ୍ରୀତି ତୁ ପାଉ।
ଦୂବ ଠାରୁ ଜୀବ ହୁଅଇ ପ୍ରିୟ
ସଂସାରେ ନ ରହେ କାହାକୁ ଭୟ।

ଆଖିରେ ଦେଖିଲେ ବାହାର ଯାଉ
ଭିତରେ ପଶିଲେ ପ୍ରେମ ତୁ ପାଉ।
ସବୁ ପ୍ରାଣୀ ଅଟେ ତୋ ରାଧାରାଣୀ
ସବୁ ଘଟଣା ଯେ ପ୍ରେମ କାହାଣୀ।

ବିଶୃଙ୍ଖଳେ ଧାରା ନାହିଁ ଉଦୟ
ବ୍ୟର୍ଥ ଯାତରାରେ ପାଉ ତୁ ଭୟ।
ନିର୍ଭିକ ସାଜିବା ରାସ୍ତା ଗୋଟିଏ
ହାରିବା ମଜାରେ ସ୍ୱୀକାର ଥାଏ।

ନେବା ଓ ଦେବାରେ ନ ରହୁ କାମ
ତେବେ ଜାଗିବ ତୋ ଅନ୍ତର ପ୍ରେମ।
ପାଇବା ଉପରେ ଜୋର୍ ନ ଦେଲେ
ତ୍ୟାଗର କଥାକୁ ପୁରା ଭୁଲିଲେ।

ଅନ୍ତର ଶତ୍ରୁତା ହେବ ନିପାତ
ଚେତନା ଦେଖିବ ସାରା ଜଗତ।
ଈର୍ଷା ଦ୍ୱେଷ ଦମ୍ଭ ସବୁ ହଜିବ
ବୃନ୍ଦାବନେ କୃଷ୍ଣ ମିଳି ତ ଯିବ।

ମିଳନ ନୁହେଁରେ କୁମ୍ଭର ମେଳା
ମୋକ୍ଷ ପାଇଁ ସାଧୁ ହୁଅନ୍ତି ଭେଳା।
ଅସଲି କୁମ୍ଭ ତା ଶୂନ୍ୟ ଅନ୍ତରେ
ଲାଗିଲେ ସମାଧି ହରିର ପୁରେ।

ନିନ୍ଦିତ ହୁଏ ଯା ପ୍ରେମର ଦ୍ୱେଷ
କଳୁଷିତ ହୁଏ ତା ପରିବେଶ।
ମୂଢ଼ଙ୍କ ଶାସନ ଚାଲିଲେ ଜାଣ
ପୂଜା ପାଉଥିବ ସବୁ ଶ୍ମଶାନ।

ମୃତ୍ୟୁପରେ ଦିଏ ଫୁଲ ଚନ୍ଦନ
ଜୀବିତ ଆତ୍ମାକୁ ନାହିଁ ସମ୍ମାନ।
ବଡ଼ ଭାଗ୍ୟବାନ ପ୍ରେମରେ ଯୋଡ଼େ
ହରିସଙ୍ଗେ ମିଶି ସଂସାର ଗଢ଼େ।

ପ୍ରେମତ ଅଟଇ ଅସଲି ମାନ
ଆଉ ଗୋଟେ ଥାଏ ଶୂନ୍ୟର ଧ୍ୟାନ।
ପ୍ରେମ ଧ୍ୟାନ ଦୁହେଁ ମିଶିଲେ ତୋର
ଅଜପା ଶୁଭିବ ଯେ ନିରନ୍ତର।

ତଥାପି ଯାଉଛି ଯୋଗୀ ଜଙ୍ଗଲ
ସଂସାରୀ ବୁଲୁଛି ତୀର୍ଥ ଓ କୂଳ।
ନିଜ ଗୃହ ଛାଡ଼ି ଆଶ୍ରମ କଲା
ଗୋବିନ୍ଦ ଜାଣିବା ପାଇଁ କି ମଲା।

କେବେ ମିଳେ ନାହିଁ ବାହାରେ ପରା
ଭଗବାନ ଦିଏ ଅନ୍ତରୁ ଧରା।
ଯେ କରି ପାରିବ ସରଳ ପ୍ରୀତି
ସବୁ ଜୀବେ ଦେଖେ ପ୍ରଭୁଙ୍କ ଜ୍ୟୋତି।

ପ୍ରଭୁଙ୍କୁ ଯେ ଖୋଜେ ଏଠୁ ସେଠାକୁ
ମାଧ୍ୟମେ ଯୋଡ଼ିଲେ ନ ମିଳେ ତାକୁ।
ସାହାରା ନ ନେଇ ସ୍ୱୟଂରେ ପଶ
ନିରବ ରହିଲେ ଘଟେ ପ୍ରକାଶ।

ଯେ ପର୍ଯ୍ୟନ୍ତ ଥିବ ତୋ ମୋର ଭାବ
ଅନ୍ୟର ଆଦର ନ ପାଏ ଜୀବ।
ସମୟ ବଳରୁ ରାଜା ଫକୀର
ଜ୍ଞାନୀକୁ ହଟାଏ କହି ଜୋକର।

କ୍ଷଣିକ ଭିତରେ ଘଟାଏ ଧାରା
ସମର୍ପିତ ହେଲେ ରାଧା ବା ମୀରା।
ପରିଣାମ ପାଇଁ ନ ଦିଏ ମନ
ପ୍ରେମ ହୋଇଯାଏ ସ୍ୱୟଂର ଧ୍ୟାନ।

ପ୍ରଜ୍ଞା! ଅଟେ ତୋର ଅନୁଶାସନ
ସମ୍ୟକ ସଂକଳ୍ପ ଅଟେ ମହାନ।
ବେହୋସ ନ ହେଲେ ଘଟେ ଉତ୍‍ଥାନ
କ୍ଷଣିକ ଭିତରେ ଫୁଟଇ ଜ୍ଞାନ।

ଯେଉଁଠି ଦେଖୁଛ ସୁନ୍ଦର ଦୃଶ୍ୟ
ଜାଣିବ ଅସ୍ତିତ୍ୱ ଗଢ଼ିଲା ଶିଷ୍ୟ।
ଶିଷ୍ୟତ୍ୱ ମୂଳରେ ଶୂନ୍ୟ ବିଚାର
ଶୁଦ୍ଧ ପ୍ରେମ ପାଇଁ ନିଏ ଆଧାର।

ଆଧାର ଭରାଏ ଅସ୍ତିତ୍ୱ କୃପା
ପ୍ରେମ ବାନ୍ଧିଥାଏ ବିଭୁଙ୍କ ଦୀପା ।
ଅବଶ୍ୟ ପ୍ରେମ ଯେ କମଳ ରାମ
ପଙ୍କ ତା ଅଟଇ ଦେହର କାମ ।

ଦେହକୁ ଭୁଲିକି ରାମକୁ ଦେଖ
ବାହାର ନ ଯାଇ ନିଜଠୁଁ ଶିଖ ।
ନାରାଜ ହୁଅନି ଆଘାତ ପାଇ
ଆଶ୍ୱାସନା ଦିଏ ପାଖରୁ ଥାଇ ।

ପୂର୍ଣ୍ଣ ପ୍ରେମୀ ହୋଇ ନାମକୁ ଭଜ
ଗୁରୁ ହୋଇଥାନ୍ତି ପାଖେ ବିରାଜ ।
ତାଙ୍କରି ଭକ୍ତିରେ ନ ଥାଏ ବାଦ
ସେହି ହୋଇଯାନ୍ତି ସ୍ୱୟଂ ଗୋବିନ୍ଦ ।

ତୁମରି ଭିତରେ ତା ଅଂଶ ଥାଏ
ପରଶ ପାଇଲେ ଜାଗ୍ରତ ହୁଏ ।
ସମସ୍ତଙ୍କର ଯେ ଗୋଟିଏ ପଥ
ଦେଖିବା ଅନ୍ତରୁ କୃଷ୍ଣର ରଥ ।

ମନର ଦ୍ୱାର ତା ଅଟେ ମନ୍ଦିର
ତା ଭିତରେ ଛପି ଥାଏ ଈଶ୍ୱର ।
ସେହି ଯେ ଅଟଇ ଶୂନ୍ୟ ଆଧାର
ପ୍ରେମର ବି ମୂଳ ନାମ ଓଁ କାର ।

ପ୍ରେମ ଯେ ଅଟଇ ଏକା କରୁଣା
ପାଇବାର ଆଶା ଥାଏ ତା ଊଣା ।
ଶୁଦ୍ଧ ହେଲେ ଯାତ୍ରା ସଂବନ୍ଧ ଯୋଡ଼େ
ସଂସାର ଗତିରୁ ଭିତର ମୋଡ଼େ ।

ପ୍ରକାଶ ସହିତ ଶୂନ୍ୟ ସଙ୍ଗୀତ
ଜାଣିବ ସେହି ତ ନିଜେ ଅସ୍ତିତ୍ୱ।
ତ୍ୟାଗ କରିଗଲେ ହୋଇବ ରାଧା
ଜାଣିବ ତୁମେତ ପ୍ରଭୁଙ୍କ ଅଧା।

ନିୟମ କାନୁନ ନ ଥାଏ ସେଠି
ପିଲା ଖେଳା ଲୀଳା ଆସିବ ଉଠି।
ସହଜ ଯାତ୍ରାରେ ନାହିଁ ପରୀକ୍ଷା
ମୋକ୍ଷ ପ୍ରାପ୍ତି ପାଇଁ ଦିଏ ସୁରକ୍ଷା।

ସାଧାରଣ ସ୍ନେହ ନୁହେଁ ତ ପ୍ରେମ
ଅନୁଭବ ହେଲେ ପାଇବୁ ରାମ।
କର୍ମକୁ ଜଗିଲେ ସଂବନ୍ଧ ଶୁଦ୍ଧ
ନିଷ୍କାମ ସାଧିଲେ ହୋଇବ ବୁଦ୍ଧ।

ଆନନ୍ଦ ଝରିବ ଜୀବନ ସାରା
ଅମୃତ ଲଭିବ ପ୍ରେମୀକୁ ପରା।
ପ୍ରେମ ତ ଅଟଇ ସାକ୍ଷାତ ହରି
ନାମ ସୁମିରଣ ତାହାରି ଡୋରି।

■

ଅଦ୍ୱୈତ

ମୈତ୍ରୀ ହୋଇଥାଏ ସବୁ ସ୍ଥଳରେ
ଉଚ୍ଚନୀଚ ଭାବ ଆସେନି ଥରେ।
ଅଭାବ ରହିଲେ ପୀରତି ନାହିଁ
ଅହଂକାର ଆସେ ବାଧକ ହୋଇ।

ହସି ନାଚି ଗାଇ କର ସ୍ୱାଗତ
ହୋଇବେ ସମସ୍ତେ ତୁମରି ମିତ।
କିପରି ଜାଣିବ ହରିର ଅଂଶ
ସମସ୍ତେ ଅଟଇ ତାଙ୍କରି ବଂଶ।

ମଣିଷ ଅସ୍ତିତ୍ୱ ନୀତି ନ ଧରେ
ସଂସାର ମାନ୍ୟତା ପାଇଁ କି ମରେ।
ବାହାରକୁ ଦେଖି ଭିତର ଭୁଲେ
ପଶିଲେ ଭିତରେ ଅମୃତ ମେଲେ।

ନେଲା ବାଲା ଆଉ ଦେବା ବାଲାରେ
କେହି ଜଣେ ଥାଏ ଅନ୍ତର ପୁରେ।
ତାକୁ ନ ଧରିକି ମାଧ୍ୟମ ଦେଖୁ
ବାହାରେ ବୁଲିକି ସବୁ ପରଖୁ।

ଅଯଥା ଦଉଡ଼ି ନ ମିଳେ କିଛି
ସ୍ଥିର ହୋଇଲେ ତୁ ଜାଣିବୁ ବାଛି ।
ପୂଜା ପାଠ କରୁ ଯେ ମନ୍ଦିରରେ
ପ୍ରଭୁ ଖୋଜିବୁଲୁ ତୁ ମାଧ୍ୟମରେ ।

ସାକାର ଦେଖିକି ଆକାର ନିଏ
ନିଜ ମାନ୍ୟତାକୁ ସ୍ୱୀକାର ଦିଏ ।
ନିଜ ସର୍ଜନାକୁ ମାନିଲେ ତୁହି
ଅହଂକାର ଆପେ ଆସଇ ଥାଇ ।

ସବୁରି ମୂଳରେ ଜଣେ ତ ଏକ
ଘଟଣା ଘଟିଲେ ସେଉଠୁ ଶିଖ ।
ତାକୁ ମନେରଖି ଯାତରା କର
ଶୃଙ୍ଖଳା ଆସିବ ଭିତରୁ ତୋର ।

ଜାଗିବ ଯେ ତୋର ସଦା ଚେତନା
ବାହାରୁ ହଜିବ ତୋର କାମନା ।
ନାମର ଜାହଜେ ବସିଲେ ହେବ
ସହଜ ସମାଧି ଆପେ ଲାଗିବ ।

ଗୁରୁ ଯେ କରାନ୍ତି ତା ପରିଚୟ
କେନ୍ଦ୍ର ହୋଇଯିବ ତୋର ଅକ୍ଷୟ ।
ଅସୀମ ଅନନ୍ତ ଯେ ନିରାକାର
ସୃଷ୍ଟିର ସର୍ଜନା ଶବ୍ଦ ଆଧାର ।

ଶବଦ ଶ୍ରବଣେ ସେ ନିଜେ ହଜେ
ସ୍ଥିର ଚିତ୍ତ ହେଲେ ଅନ୍ତରୁ ବାଜେ ।
ଚେତନା ଯାହାର ନୁହେଁ ସଜାଗ
ଆସନ ସାଧିଲେ ନ ହୁଏ ଯୋଗ ।

ସହଜ ରାସ୍ତାକୁ ଗୁରୁ ବତାନ୍ତି
ଶ୍ରଦ୍ଧାରେ ମଜ୍ଜିଲେ ସେହି ଶୁଣନ୍ତି।
ଶୁଣିଲେ ନାମକୁ ଶୁଦ୍ଧିବ ଭାବ
ଅନ୍ତରୁ ଭାସିବ ନାମର ରାବ।

ଶୁଣିବୁ ସର୍ବଦା ଭିତରୁ ତୋର
ଅସରନ୍ତି ଧାର ବହିବ ଜୋର।
ସାଧାରଣ ନୁହେଁ ବିରାଟ ସତ୍ତା
ପ୍ରୀତିରେ ଯୋଡ଼ିଲେ ମିଳଇ ପତା।

ସୁରତୀ ଯୋଡ଼ନ୍ତି ଗୁରୁ ଆପେରେ
ମନ ଲଗାଇକି ଶୁଣ ମିତରେ।
ଲଗାତାର ଶୁଣି ଜାଣିବୁ ଗୁଣ
ନିଜ ଅନୁଭବ ପାଇବୁ ପୁଣ।

ଅସାଧାରଣର ପତା ନ ଥାଏ
ଲକ୍ଷେ ସୂର୍ଯ୍ୟ ସମ ପ୍ରକାଶ ଦିଏ।
ସେହି ଯେ ସତ୍ୟର ପରମ ଧାର
ଜାଣିଲେ ଚେତନା ହେବ ଆଧାର।

ସମାଧି ଲାଗିବ ପ୍ରଭୁଙ୍କ ଦ୍ୱାରେ
ମିଳନ ପାଇବ ସ୍ୱୟଂର ଶିରେ।
ଏକାକାର ହେବ ସବୁର ଭୋଗ
ଘଟିବ କେନ୍ଦ୍ରର ପରମ ଯୋଗ।

ନାହିଁ ପୂଜାପାଠ ଓ ଉପବାସ
ନାହିଁ କ୍ରିୟାକାଣ୍ଡ ବ୍ରତ ଓ ରୋଷ।
ଭଜନ କୀର୍ତ୍ତନ ଓ ତୀର୍ଥ ଯାତ୍ରା
ଆବଶ୍ୟକ ନାହିଁ ଧରିବା ମାତ୍ରା।

କେବଳ ସହଜ ହୋଇଲେ ଜାଣ
ମହା ମିଳନ ଯେ ଘଟିବ ପୁଣ।
ଶ୍ୱାସକୁ ଜଗିଲେ ସବୁ ସାଧିବ
ଆତ୍ମଯୁକ୍ତ ହେଲେ ମନ ଛାଡ଼ିବ।

ସଂସାର ଛାଡ଼ିଲେ ହୁଡ଼ି ପଡ଼ିବ
ପ୍ରଭୁଙ୍କୁ ଜାଣିଲେ ସତ୍ତା ହଜିବ।
ଦ୍ୱୈତ ଭାବ ତୋର ମିଶିବ ଆପେ
ଅଦ୍ୱୈତ ଘଟିଲେ ଅଜପା ଜପେ।

ସାଧନାର ଏହି ପରମ ନୀତି
ସମସ୍ତ ଜୀବଙ୍କୁ କରିବ ପ୍ରୀତି।
ପ୍ରୀତିର ମୂଳରେ ନ ଥାଏ ଆଶା
ହଜିବ ପାଖରୁ କାମନା ନିଶା।

କରୁଣା ଉଦୟ ହେବ ଭାବରୁ
ଅହଂକାର ହଜେ ଅନ୍ତର ପୁରୁ।
ନିଷ୍କାମନା ହେବ ପ୍ରତି କାମରେ
ଚେତନା ଜାଗିବ ସବୁ ଶ୍ୱାସରେ।

ଅଜନ୍ମା ଅଟଇ ସେହି ଚେତନା
ଶରୀରରେ ରହେ ମିଶି କାମନା।
ଦେଖି ଯେ ପାରିଲା ଶୂନ୍ୟର ଦୀପ
ଆତ୍ମାଯୁକ୍ତ ହୋଇ ଦେଖେ ସ୍ୱରୂପ।

ଯାହାକୁ କହଇ ମୀରା ତ ଶ୍ୟାମ
ସେହି ଯେ ଅଟଇ ଅନ୍ତରେ ରାମ।
କବୀର କହଇ ନାଦର ଗୁଞ୍ଜି
ନାନକ କହନ୍ତି ନାମ ଜାହଜ।

ଓଶୋଙ୍କର ନାମ ଧ୍ୟାନ ସମାଧି
ସ୍ୱୟଂ ପ୍ରେମ ଅଟେ ଅସଲି ସିଦ୍ଧି ।
ଭୋଗି କହେ ମୋର ଅସଲି କର୍ମ
ଯୋଗୀ କହି ବସେ ଜଗିବା ଧର୍ମ ।

ସାଧକ ସାକ୍ଷୀରେ ମାତଇ ପରା
ବାଧକ ସଂସାରେ ପଡ଼ଇ ଧରା ।
ସନ୍ଥ କହେ ମୁହିଁ ଅଟଇ ସତ
ଅସ୍ତିତ୍ୱ ଦେଖାଏ ପ୍ରକୃତି ପଥ ।

ମୁହିଁ ତାର ଶୁଦ୍ଧ ମୁହିଁ ତା ଆଖି
ମୁହିଁ ତାର ବୁଦ୍ଧ ମୁହିଁ ତା ସାକ୍ଷୀ ।
ମୁହିଁ ତା ବିରାଟ ଗୋପନ ବୃନ୍ଦ
ମୁହିଁ ତା ସତ୍ୟର ନାମ ଗୋବିନ୍ଦ ।

ମୁହିଁ ତା ସଦଗୁରୁ ମୁହିଁ ସାକାର
ମୁହିଁ ବି ଆକାର ଓ ନିରାକାର ।
ମୁହିଁ ଯେ ମାଧବ ମୁହିଁ ଯାଦବ
ମୁହିଁ ତ ସତ୍ୟର ସୁନ୍ଦର ଶିବ ।

ମୁହିଁ ହୋଇଥାଏ କାମ ବାସନା
ମୁହିଁ ବି ଯାତନା ଆଉ ଚେତନା ।
ମୁହିଁ ଯେ ଶ୍ୟାମର ନାମ ଆଧାର
ମୁହିଁ ଯେ ସୃଷ୍ଟିର ରହସ୍ୟ ସ୍ୱର ।

ମୁହିଁ ବି ସଗୁଣ ମୁହିଁ ନିର୍ଗୁଣ
ମୁହିଁ ହୁଏ ଗୀତ ବେଦ ବି ଜାଣ ।
ମୁହିଁ ତା ସୁନ୍ଦର ପ୍ରେମର ଭାବ
ମୁହିଁ ବି ପକ୍ଷୀର କଣ୍ଠର ରାବ ।

ମୁହିଁ ସବୁ ଗୁଣ ଜୀବର ପ୍ରାଣ
ମୁହିଁ ବି ଜଗତ ଗଢୁଛି ଶୁଣ ।
ମୁହିଁ ବି ନାମକୁ ହେଲି ମାତର
ମୁହିଁ ହୁଏ ମାଟି ଶରୀରେ ସାର ।

ମୁହିଁ ଆଦି ଶବ୍ଦ ମୁହିଁ ଓଁ କାର
ସର୍ବ ବିସ୍ତାରର ଅଟେ ଆଧାର ।
ଏହି ଭାବ ଆମ ଧ୍ୟାନ ଶୂନ୍ୟତା
ସମାଧି ଘଟିଲେ ମିଳଇ ପତ୍ତା ।

ଭରସା ରହିଲେ ସାହିବ ସାଥେ
ଅନୁଭବ ହେବ ସହଜ ପଥେ ।
ବୁଦ୍ଧ ପାଲଟିବ ଯାତରା ତାର
ଅସ୍ତିତ୍ୱ ପୁକାର ହେବ ଆଧାର ।

ଅସରନ୍ତି ଧାର ହେବ ଯେ ନାଦ
ପରମ ଇନ୍ଧନ ହୋଇବ ବେଦ ।
ଦେହ ହଜିଯିବ ଜ୍ୟୋତି ଯେ ଥିବ
ମନ ଛାଡ଼ିଗଲେ ଚେତା ଜାଗିବ ।

କାମ ମରିଯିବ ନାମ ଶୁଭିବ
ନାମ ଶୁଣୁଶୁଣୁ ସମାଧି ଯିବ ।
ଗୋବିନ୍ଦ କୃପାରୁ ଘଟେ ସଂବୋଧ
ଜୀବ ପାଲଟିବ ପରମ ବୁଦ୍ଧ ।

■

ଧର୍ମ

ଧରମ ଅଟଇ ସ୍ୱତନ୍ତ୍ର ଜାଣ
ନ ଥାଏ ଜଞ୍ଜିର ବନ୍ଧନ ପୁଣ।
ବାହାର ଭିତର କରେ ଧାରଣ
ସର୍ବ ସୃଷ୍ଟିର ସେ ଗୋଟେ କାରଣ।

ସ୍ୱୟଂକୁ ମୁକୁତି ସଦା ସେ କରେ
ଅକମ୍ପ ସ୍ଥିତିର ରାସ୍ତା ସେ ଧରେ।
ଅନ୍ତର ସଦା ତା ରହେ ନିର୍ମଳ
ବାହାରେ ନ ଥାଏ ଅଯଥା ଖେଳ।

ବିମୁଖ ହୁଏନି ପ୍ରଭୁଙ୍କ ଦତ୍ତ
ଯାହା ମିଳେ ସଦା ହୁଏ ସେ ପ୍ରୀତ।
ସତ୍ୟ ଯାତ୍ରା କଲେ ଚୈତନ୍ୟ ବିଜେ
ଆତ୍ମାର ସ୍ମରଣେ ସଦା ସେ ହଜେ।

ଅସ୍ତିତ୍ୱ ଯେପରି ଜୀବନ ଦିଏ
କ୍ଷଣିକ ଭିତରେ ବିଲୟ ହୁଏ।
ପ୍ରତି ଶ୍ୱାସରେ ଯେ ସ୍ମରଣ କରେ
ମୃତ୍ୟୁଞ୍ଜୟ ଭଳି ସଦା ସେ ତରେ।

ବାହାର କୁସଙ୍ଗ ଛାଡ଼େ ସେ ସଦା
ଶୂନ୍ୟରେ ଯୋଡ଼ିଲେ ବେହୋସ ବିଦା।
ଯେଉଁଠି ଦେଖୁଛ ପ୍ରବଳ ଭିଡ଼
ନ ଥାଏ ପ୍ରେମ କି ସତ୍ୟର ଯୋଡ଼।

ନିନ୍ଦା ଓ ପ୍ରଶଂସା ହଜାଏ ପ୍ରୀତି
ନିଜେ ଯୁକ୍ତ ଥାଇ ସଜାଏ ରାତି।
ସେ ରାତି ରହେନି ପ୍ରହର ପରେ
ପୁଣି ଆସି ଯାଏ କାମନା ଧିରେ।

ଭୟ ଠାରୁ ବଡ଼ ନାହିଁ ତ ପାପ
ଚିନ୍ତା ହୋଇପଡ଼େ ପୂରୁବ ଶାପ।
ଜୀବନର ଗତି ନ ଥାଏ ସିଧା
ଯାତ୍ରା କଲାବେଳେ ଦିଏ ସେ ବାଧା।

ସଂସାରୀ ହଜଇ ସଂବନ୍ଧ ପୁରେ
ପଣ୍ଡିତ ବିଚରା ପୋଥିକୁ ଧରେ।
ପ୍ରେମିକଟି ମରେ ଦହନ ପୁରେ
ସାଧୁ ଲାଖିଥାଏ ଚିଲମ ତୀରେ।

ବେପାରୀ ସର୍ବଦା ନୋଟକୁ ଦେଖେ
ନେତାଟି ବିଚରା ଭୋଟରେ ଲାଖେ।
ଅସମ୍ୟକ ବ୍ୟକ୍ତି କଳିରେ ଭିଡ଼େ
ସତ୍ୟବାଦୀ ସଦା ପ୍ରାଣରେ ଯୋଡ଼େ।

ନିଜକୁ ଶୁଦ୍ଧିଲେ ହୋଇବ ପୀର
ଅନ୍ତର ସାଜିବ ମନ୍ଦିର ତୋର।
ଯେଉଁଠି ନ ଥାଏ ପୂଜାରୀ ପରା
ତାକ ଶୁଭାଯାଏ ହୁଅଇ ଧାରା।

ନିଜେ ଯେ ହୋଇବ ମାଲିକ ବର
କହିବ ସଂସାର ସ୍ୱାମୀ ନିଜର ।
ହୀରା ତ ପଥର ଭିତରେ ଥାଏ
ପଥର କାଟିଲେ ଠିକଣା ପାଏ ।

ସଂସାର ଯୁଦ୍ଧରେ ନୀରବ ସାର
ଏକାନ୍ତ ରହିକି ଧ୍ୱନିକୁ ଧର ।
ମରିଗଲେ ଇଛା ଆସଇ ପଥ
ଖେଳିଥାଏ ସୁଖ ହୋଇ ତୁ ନାଥ

ଅଧର୍ମୀ ପୁରୁଷ ମୂଳକୁ ଛାଡ଼େ
କେବଳ କର୍ମ ଓ କାଣ୍ଡରେ ଯୋଡ଼େ ।
ମାଳିର ଫୁଲକୁ ପ୍ରଭୁଙ୍କୁ ଦେଇ
ପୂଜା କରୁଥାଏ ମାନ୍ୟତା ନେଇ ।

ସବୁରି ସର୍ଜନା ପ୍ରକୃତି ଦିଏ
ମଣିଷ ଉଜାଡ଼ି ପ୍ରଶଂସା ନିଏ ।
ମନ୍ଦିର ମସଜିଦ ଗୀର୍ଜାର ପୁରେ
ସତ୍ୟ ତ ନଥାଏ ଧର୍ମ ଶବ୍ଦରେ ।

ଅସ୍ତିତ୍ୱ ରୂପରେ ସାଜିଛି ରାଜା
ପ୍ରକୃତି ବଦଳି ପାଳଇ ପ୍ରଜା ।
ସ୍ୱୟଂର ମାର୍ଜନା ସତ୍ୟର କାମ
ନିଶବ୍ଦ ଆବାଜ ଅସ୍ତିତ୍ୱ ନାମ ।

ପରିବର୍ତ୍ତନକୁ କର ସ୍ୱୀକାର
ସବୁ କଳାବାଲା ପରମେଶ୍ୱର ।
ନିଜ ବ୍ୟକ୍ତିଗତ କଳାକୁ ଦିଅ
ସେହି ହେବ ଧର୍ମ ସତ୍ୟର ଖିଅ ।

ଯାହା କର ପଛେ ଧ୍ୟାନରେ ଥିବ
ଅହିଂସକ ସାଜି ଯାତ୍ରାକୁ ଯିବ।
ଶାନ୍ତ ହୋଇ ଜନ କର ଶ୍ରବଣ
ପରମ ଧ୍ୱନିକୁ ଅନ୍ତରୁ ଶୁଣ।

ସୂରତୀ ଚାଲିଲେ ହୋଇଲା ଜ୍ଞାନ
ମନ କରାମତି ହୋଇବ ଶୂନ।
ସମସ୍ତ ବିସ୍ତାର ଠାରୁ ଯେ ମୁକ୍ତ
ନିଜ ସ୍ୱତନ୍ତ୍ରତାରେ ହୁଏ ସେ ଯୁକ୍ତ।

ସାକ୍ଷୀଭାବ ରଖି ଚାଲେ ଯାତ୍ରାରେ
ଧ୍ୟାନ ଲାଗିଯାଏ ଅନ୍ତରପୁରେ।
ସ୍ୱୟଂକୁ ଜାଣିଲେ ହୋଇଲା ଧ୍ୟାନ
ଏହି ତ ଧର୍ମର ଅସଲି ଜ୍ଞାନ।

ସଦଗୁରୁ ଓଶୋ

ଓଶୋଙ୍କ ଶବଦ ଭାଷାରେ ନାହିଁ
ଚାନ୍ଦକୁ ଧରିବା ହାତରେ କାହିଁ।
ପରମ ତତ୍ତ୍ୱ ଯେ ସନ୍ଥତ୍ୱ ଜାଣ
ସତ୍ୟର ସତ୍ତା ସେ ଗୋବିନ୍ଦ ପୁଣ।

ପରମ ପୁରୁଷ ନାମକୁ ନେଇ
ସଂସାର ସାଗରେ ସଦଗୁରୁ ହୋଇ।
ସନ୍ଥରୂପ ନେଇ ଆସିଛି ସେହି
ସାଧନାକୁ ମୁକ୍ତ କରିଛି ଯାଇ।

ଧାରଣା ନୁହଁଇ ସେ ମୂଲ୍ୟବାନ
ସତ୍ୟ ନାମ ହେଲା ଅସଲି ଧନ।
ସେ ନାମ ରହସ୍ୟ ବାହାରେ ନାହିଁ
ଅନ୍ତରୁ ଶୁଣିଲେ ସତ୍ୟ ହୁଅଇ।

ସତ୍ୟ ନାମ ଏକା ପରମ ଧନ
ସନ୍ଥ କହେ ତାକୁ ନାମ ରତନ।
କିଏ କହେ କୃଷ୍ଣ କିଏ ବା ରାମ
କିଏ କହେ ଗୁରୁ ସେହି ବି ଶ୍ୟାମ।

କା ପାଇଁ ସାଗର ଓ ରତ୍ନାକର
କା ପାଇଁ ସାକାର ଓ ଅଣାକାର।
କିଏ କହେ ତୁମେ ସଚ୍ଚିଦାନନ୍ଦ
କିଏ ଅନାହତ କିଏ ଆନନ୍ଦ।

ନାନକ କହନ୍ତି ନାମ ଜାହଜ
କବୀର କହଇ ଯୋଗ ସହଜ।
କିଏ କହେ ମହାକାଳ ଓ ଜ୍ଞାନ
କିଏ ନିରଞ୍ଜନ ଓ ସନାତନ।

କିଏ କହେ ଦ୍ରଷ୍ଟା କିଏ ବା ସାକ୍ଷୀ
କିଏ ଦେଖୁଥାଏ ଖୋଲିକି ଆଖି।
କିଏ ଗୀତା ଗାଏ କିଏ ନୀରବ
କିଏ ହୋଇଯାଏ ମନର ଶିବ।

କିଏ କହିଥାଏ ସବୁ ଔଷଧି
ଓଶୋଙ୍କ ସର୍ଜନା ଧ୍ୟାନର ବିଧି।
ଘଟିଲେ ଅନ୍ତରେ ସୁରତୀ ଯୋଗ
ଅନୁଭବ ପାଏ ପରମ ଜୀବ।

ଜଗତ ସାରାର ଏକ ଆକାର
ସବୁ ସୃଷ୍ଟିର ସେ ମାଲିକ ତୋର।
ଆକାରେ ଥାଇ ବି ସାକାର ଭିଏ
ଶୂନ୍ୟକୁ ରଚାଇ ଅସ୍ତିତ୍ୱ କହେ।

ଶୂନ୍ୟର ଦର୍ଶନ ସୁନ୍ଦର ଧ୍ୟାନ
ଜୀବାତ୍ମା ଭିତରେ ପ୍ରକାଶେ ଜ୍ଞାନ।
ସବୁ ସଙ୍ଗୀତର ଅଟେ ଇନ୍ଧନ
ସବୁ ଖାଦ୍ୟର ସେ ହୁଏ ବ୍ୟଞ୍ଜନ।

ଜୀବନଯାତ୍ରାର ସେହି ଅମୃତ
ସାରା ଅସ୍ତିତ୍ୱର ଏକା ହିଁ ମିତ ।
ସେହି ହୁଏ କ୍ରୋଧ ସେହି ବି ବୁଦ୍ଧ
ସେହି ତ ପ୍ରାରବ୍ଧ ସେହି ବି ଶୁଦ୍ଧ ।

ସେହି ବି ସୁଗନ୍ଧ ସେହି ଚନ୍ଦନ
ସେହି ଯେ ଇସାରା ସେହି ବନ୍ଧନ ।
ସେହି ତ ପବନ ସେହି ନମନ
ସେହି ସନାତନ ସେହି ଚୈତନ୍ୟ ।

ସେହି ଅଟେ ସତ୍ୟ ସେହି ତ ବେଦ
ସେହି ତ ବେହୋସ ସେହି ତ ବୋଧ ।
ସେହି ତ ଧାରଣା ସେହି କାରଣ
ସେହି ତ କରୁଣା ସେ ନାରାୟଣ ।

ସେହି ତୋର ଧ୍ୟାନ ପ୍ରେମ ଭକ୍ତିର
ସେହି ତୋ ଅସ୍ତିତ୍ୱ ନାମ ଆଧାର ।
ସେହି ମୋର ପ୍ରେମ ମୁଁ ତାର ଦାନ
ସେହି ମୋ ଶ୍ରବଣ ମୁଁ ତାର ଧ୍ୟାନ ।

ସେହି ମୋର କାମ ମୁଁ ତାର ଜ୍ଞାନ
ସେହି ମୋ ପ୍ରେରଣା ମୁଁ ତାର ମନ ।
ସେହି ମୋ ସନ୍ଥତ୍ୱ ମୁଁ ତାର ବ୍ୟାଧି
ସେହି ମୋ ସମାଧି ମୁଁ ତା ଔଷଧି ।

ମୁଁ ତାର ଜଗତ ସେ ମୋର ନାଥ
ସେ ମୋର ସାରଥି ମୁଁ ତାର ରଥ ।
ଦୁହିଁଙ୍କ ମିଳନୁ ଅଦ୍ୱୈତ ଜାତ
ନାମ ଦେଲେ ସନ୍ଥ ମୋ ଜଗନ୍ନାଥ ।

ଜଗତବାସୀଙ୍କ ହେବ ଆଦୃତ
ସରଳ ଜୀବନେ ମିଳେ ଅମୃତ।
ସମାଧି ବିଜ୍ଞାନ ଆନନ୍ଦ ଗୀତା
ତା'ରି ବିଭୂତି ସାଧନା କଥା।

ଦ୍ୱିତୀୟ ଭାଗ
ସାଧନା କଥା

ନିବେଦନ

ଜୀବନର ଉର୍ଜ୍ଜା ଥାଏ ବାହାରେ ଓ ଭିତରେ। ଅସ୍ତିତ୍ୱ କାହାକୁ ଅଣଦେଖା କରିନାହାନ୍ତି। ତେଣୁ ପରମ ନିୟମକୁ ଅଣଦେଖା କରନାହିଁ, ସ୍ୱୟଂ ଅଣଦେଖା ହୋଇଯିବ।

ବାହାର ସନ୍ଧାନ ବିଜ୍ଞାନ, ଭିତର ଅନୁସନ୍ଧାନ ଧାର୍ମିକତା। କିନ୍ତୁ ଉଭୟର ଉପଲବ୍ଧିରୁ ପୂର୍ଣ୍ଣମାନବର ନିର୍ମାଣ। ତାହା କେବଳ ଶ୍ରମରୁ ନୁହେଁ କି ସଂଗ୍ରହରୁ ନୁହେଁ ବରଂ ବିଶ୍ରାମରୁ। ତେଣୁ ସମ୍ୟକ ଆହାର, ବିହାର ଓ ବିଶ୍ରାମରୁ ଆଧ୍ୟାତ୍ମର ଶୁଭାରମ୍ଭ। ଆଧ୍ୟାତ୍ମର ଅର୍ଥ ଆଡ଼ମ୍ବରପୂର୍ଣ୍ଣ ନୁହେଁ ବରଂ ସହଜିବା। ଅଭିଯୋଗ, ଅସନ୍ତୁଳନ ନ ଥାଇ, ଅହୋଭାବ (କୃତଜ୍ଞତା) ଥିଲେ ଧାର୍ମିକତାର ଜନ୍ମ। ସେହି ଧାର୍ମିକତା ଆଧ୍ୟାତ୍ମିକତାର ପୂର୍ଣ୍ଣ ପ୍ରକାଶ କିନ୍ତୁ ଧର୍ମ ନୁହେଁ।

ଧର୍ମ ଆଜି ସଙ୍ଗଠନ, ଅନୁଷ୍ଠାନ, ସମ୍ପ୍ରଦାୟ, ବ୍ୟବସାୟ ଓ ମନୋରଞ୍ଜନରେ ପୂର୍ଣ୍ଣ। ଯେହେତୁ, ଧାର୍ମିକତା ଆଧ୍ୟାତ୍ମର ପ୍ରାଣ, ଧର୍ମ ହେବ ସବୁ ଆଧାରର ଜଡ଼। ସେହି ଜଡ଼କୁ ଜାଣିବାପାଇଁ ଚେତନାର ଆବିଷ୍କାର ଜରୁରୀ। ତାହା ନ ଥାଏ ବାହାରରେ, କେବଳ ଉପଲବ୍ଧି ଦିଏ ସ୍ୱୟଂର ଭିତରୁ। ଯେବେ ଜଡ଼ ଓ ଚେତନାର ସଂଯୋଗ ହୁଏ ତାହା ଜୀବନ୍ତ ହୋଇଥାଏ। ତେବେ ବିକାଶର ଶୁଭାରମ୍ଭ ହୁଏ ଜଗତରେ। ସେହି ବିକାଶ ମୂଳରେ ଗୋଟିଏ ଧର୍ମ ସ୍ୱୟଂକୁ ଜାଣିବା। ସ୍ୱୟଂକୁ ଜାଣିବା ଅର୍ଥ ନିଜର ରୂପାନ୍ତରଣ ବା ଶୁଦ୍ଧିକରଣ, ଅନ୍ୟର ନୁହେଁ। ଅନ୍ୟକୁ ରୂପାନ୍ତରଣ କରିବା ରାଜନୀତି।

ତେଣୁ ସ୍ୱୟଂ ଶୁଦ୍ଧିକରଣ ବିଜ୍ଞାନର ନାମ ଆଧ୍ୟାତ୍ମ ବା ଆତ୍ମାର ମହାଯାତ୍ରା ଯାହାର ଉଦ୍.ଗମ ହିଁ ଶୂନ୍ୟତା। ସେହି ସ୍ୱୟଂର ଶୂନ୍ୟତାରୁ ପରମଯୋଗର ଆରମ୍ଭ, ଯେଉଁଠୁ ଧ୍ୟାନର ଶୁଭାରମ୍ଭ। ଧ୍ୟାନ କ୍ରିୟା ନୁହେଁ ଏକ ଅକ୍ରିୟା। ସେହି ଅବିଧିକୁ ଜାଣିବା, ଜଣାଇବା ଅନୁଭବୀ ପ୍ରଜ୍ଞାବାନଙ୍କର ଦାୟିତ୍ୱ। ସନ୍ଥ କହନ୍ତି, ଧ୍ୟାନର ଅର୍ଥ ଧ୍ୱନି ଶ୍ରବଣ। ଅସ୍ତିତ୍ୱର ପରମ ଧ୍ୱନିକୁ ଅର୍ନ୍ତଗଗନରୁ ନିରନ୍ତର ଶ୍ରବଣ କରାଯାଏ। ପାଟି, ଓଠ, କଣ୍ଠ ଓ ଜିଭରେ ଜପିଲେ, ଘୋଷିଲେ ଯଥେଷ୍ଟ ଅନୁଭବ ଦିଏନାହିଁ। ତେଣୁ ଅନୁଭବୀ ସନ୍ଥ

କହନ୍ତି, ଅସ୍ତିତ୍ୱକୁ ଜାଣିବାର ପ୍ରଥମ ପାଦ ଧ୍ୱନି ଶ୍ରବଣ। ଯେବେ ଅନ୍ତର ଶ୍ରବଣ ହେଲା ଜାଣିବ ଆତ୍ମାର ଭୂମିରେ ବିଶ୍ରାମ ସୁରୁ ହେଲା ଯେଉଁଠୁ ଚେତନାର ସଙ୍କେତ ମିଳିବ। ଯେବେ ସାଧକ ଅନ୍ତର ଆକାଶରେ, ନିଷ୍କମ୍ପ ସ୍ଥିତିରେ ଜାଗ୍ରତ ଥାଇ ବିଶ୍ରାମ ଅବସ୍ଥାରେ ଶ୍ରବଣ ପାଏ ତାକୁ ସୁମିରଣ କହନ୍ତି। ସୁମିରଣ ସିଦ୍ଧି, ସମାଧିକୁ ଯିବାପାଇଁ ପରମ ଇନ୍ଧନ।

ଓଶୋ କହନ୍ତି ସହଜ ଜୀବନକୁ ଶୃଙ୍ଖଳିତ କରିବା ଓ ସ୍ୱୟଂର ଚେତନାକୁ ଜାଣିବା ପାଇଁ ନିଜକୁ ଅକ୍ରିୟାରେ ଯୋଡ଼ିବାକୁ ପଡ଼େ ଯାହାର ଅନ୍ୟନାମ ଧ୍ୟାନ। ତେଣୁ ପ୍ରମାଦ ମୁକ୍ତ ଥାଇ ମଙ୍ଗଳକାମନାରେ ଯୋଗଦେଲେ, ଧ୍ୟାନ ଗନ୍ତବ୍ୟର ରାସ୍ତା ଖୋଲିଦିଏ। ଅନ୍ୟର ମଙ୍ଗଳ କାମନା କରିବାରେ, ତା'ର ମଙ୍ଗଳ ହେଉ ବା ନ ହେଉ, ଅବଶ୍ୟ ନିଜର ହେବ। ତେବେ ଅଭିଯୋଗ, ଅହଂକାର ଓ ମୂର୍ଚ୍ଛାରୁ ମୁକ୍ତି ପାଇଁ ବିଚାର ଭଳି ଜହରକୁ ପ୍ରଥମେ ପରିଷ୍କାର କରାଯାଏ। ସେହି ପ୍ରସ୍ତୁତି ପର୍ବର ନାମ ଧ୍ୟାନ।

ଧର୍ମ ମାନବର ସର୍ଜନା ନୁହେଁ, ଅସ୍ତିତ୍ୱର ପରମ ଆଧାର। ଯାହାର ଜଡ଼ ସ୍ୱୟଂ ସାକ୍ଷୀ ଚୈତନ୍ୟ ସ୍ୱରୂପ, ଯିଏ ସବୁ ଜାଣେ ଓ ଦେଖେ। ସେହି ଚେତନାର ବିଜ୍ଞାନକୁ ଜାଣିଗଲେ ସ୍ୱୟଂର ସ୍ୱଭାବର ପରିଚୟ ମିଳିଯାଏ। ତେଣୁ କାହାରି ପାଖରୁ ବା କାହାକୁ ମାଗନାହିଁ। କାରଣ ଯାହାକୁ ମାଗୁଛ ସେ ଜଣେ ଜଣେ ବଡ଼ ଭିକାରୀ, ଯାହାର ଭିକ୍ଷାପାତ୍ର ବହୁତ ବଡ଼।

ଅସଲି ସମ୍ରାଟ ସ୍ୱୟଂ ଭିତରେ। ତା'କୁ ଜାଗ୍ରତ କର ଓ ତା ସହିତ ଅସ୍ତିତ୍ୱର ରହସ୍ୟକୁ ଜାଣ। ଅସ୍ତିତ୍ୱ କେବେ ମାଗିବାର, ସଂଗ୍ରହର ପରିଭାଷାକୁ ବୁଝେନାହିଁ ବରଂ ସମ୍ୟକ ସଂକଳ୍ପ ସହିତ ପୁରୁଷାର୍ଥର ପରିଭାଷାକୁ ସ୍ୱୀକୃତି ଦିଏ। ଯଦି ଆତ୍ମିକ ଯାତ୍ରାରେ ଅଂହକାର ଆସିଗଲା, ପାଖଣ୍ଡତା ଜନ୍ମନିଏ। ସ୍ୱୟଂର ଉଦ୍.ଗମରେ ରହିଯାଏ କର୍ତ୍ତା ଭାବନା। ଅନ୍ୟ ଅର୍ଥରେ ଅସ୍ତିତ୍ୱ ଠାରୁ ଅଲଗା ମଣିବା ବୁଝାଯାଏ କର୍ତ୍ତା ଭାବନା, ଯାହା ଅନ୍ତର୍ଯାତ୍ରାର ମୁଖ୍ୟ ବାଧକ।

ଅନ୍ତର ଅନୁସନ୍ଧାନ କୌଣସି ସଂଘର୍ଷ ନୁହେଁ, ଏକ ସହଜ, ନିଷ୍ପାପ ଲୀଳା। ତେଣୁ ଜାଗ୍ରତ ଭାବେ କର୍ମ କରି କର୍ମଫଳରୁ ମୁକ୍ତ ରୁହ। ବରଂ ଯାହା ମିଳିଛି ବା ମିଳୁଛି ତାକୁ ସ୍ୱୀକାର କର ଓ ଅସ୍ତିତ୍ୱକୁ ସ୍ମରଣ କର।

ଆତ୍ମାର ମୁକ୍ତ ପାଇଁ କ୍ରିୟାକାଣ୍ଡ, ଶାସ୍ତ୍ର ଅଧ୍ୟୟନ ଓ ଅନୁଷ୍ଠାନ ଯଥେଷ୍ଟ ନୁହେଁ ବରଂ ମନରୁ ମୁକ୍ତ ହୁଅ। ମନରୁ ମୁକ୍ତିର ରାସ୍ତା ଶାସ୍ତ୍ରରେ ନ ଥାଏ ବରଂ ସନ୍ଥ ପାଖରେ ଥାଏ। ତେଣୁ ସହଜ ହୋଇ ଉପନିଷଦରେ ବସିପାର ଯେଉଁଠୁ ସତ୍ୟର ରହସ୍ୟ ମିଳିଥାଏ।

ସହଜିବା ଅର୍ଥ ସହିବା ନୁହେଁ ବରଂ ଶୂନ୍ୟ ହେବା। ଶୂନ୍ୟତାର ଶବ୍ଦକୁ ଜାଣିବା ଓ ଶୁଣିବା ଧ୍ୟାନ ବିଜ୍ଞାନର ପରମ ଅସ୍ତ୍ର।

କିଏ ଯୋଡ଼େ କାହା ସହିତ, ସେହି ଭାବଦଶାରୁ ଶିଷ୍ୟତ୍ୱର ଜନ୍ମ ବା ଶିଖିବାର କଳା ଉଦୟ ହୁଏ। ଶିଷ୍ୟ ଯିଏ ଅହଂକାରକୁ ଦିଏ ଓ ଓଁ କାରର ପରିଚୟ ପାଇଥାଏ ଜୀବିତ ପୂର୍ଣ୍ଣ ସଦଗୁରୁଙ୍କ ଠାରୁ।

ଗୁରୁ ଯିଏ ସର୍ବସ୍ୱ ଦିଏ, କିଛି ନ ନିଏ। ସତନାମର ଭେଦ ଦେଇ ଆତ୍ମାରେ ଯୋଡ଼ିଦିଏ ଶିଷ୍ୟକୁ। ଏହି ସତ୍ ସମ୍ବାଦର ନାମ ଆଧ୍ୟାତ୍ମ।

ଆଧ୍ୟାତ୍ମର ଲକ୍ଷ୍ୟ ନ ଥାଏ। ଲକ୍ଷ୍ୟ ଯେଉଁଠି କାମନା ସେଇଠି। କାମନା (ଡରଷ୍ୱସକ୍ସସଭଶ) ମହାଯାତ୍ରାର ମୁଖ୍ୟ ବାଧକ। କାମନା ମୁକ୍ତ ପାଇଁ ପ୍ରାର୍ଥନା ଜରୁରୀ ନାହିଁ ବରଂ ଧ୍ୟାନ ଯଥେଷ୍ଟ। ଧ୍ୟାନୀ ହୋଇଯାଏ ପ୍ରେମୀ ଓ ପ୍ରେମୀ ହୋଇଥାଏ ଭକ୍ତ। ତା'ରି ଭକ୍ତି ସ୍ୱୟଂକୁ ପରିଚୟ ଦେଇ, ଦିଏ ପରମ ଅସ୍ତ୍ର ଯାହାକୁ ଆଶୀର୍ବାଦ କୁହନ୍ତି।

ଆଶୀର୍ବାଦ କୌଣସି ଦାନ ନୁହେଁ, ଏକ ପରମ ଆକର୍ଷଣ ଯାହାକୁ ନିର୍ମାଣ, ସଂଗ୍ରହ କରାଯାଏ ନାହିଁ ବରଂ ସମର୍ପଣରୁ ଉପଲବ୍ଧି ଦିଏ।

ସନ୍ଥ କହନ୍ତି, ଆଶୀଷ କେବଳ ଏପରି ଜିନିଷ ଯାହାକୁ ଆଦାୟ କରାଯାଏ ନାହିଁ ବରଂ ଆପେଆପେ ଘଟିତ ହୋଇ ପ୍ରାପକ ନିକଟକୁ ଆସେ। ଯିଏ ପୂର୍ଣ୍ଣ ସ୍ୱୀକୃତି ଦିଏ ତା' ନିକଟକୁ ଅସ୍ତିତ୍ୱର ବିଭୂତି ହୋଇ ପହଞ୍ଚାଇଥାଏ।

ଅସ୍ତିତ୍ୱ ଯା'ର କିଛି ପ୍ରମାଣ ନ ଥାଏ କିନ୍ତୁ ସବୁ ସର୍ଜନା ହିଁ ପ୍ରମାଣ। ଅସ୍ତିତ୍ୱକୁ ହାର୍ଦ୍ଦିକ ରୂପରେ ଦେଖିଲେ ପରମାତ୍ମା, ଅସ୍ତିତ୍ୱକୁ ବୁଦ୍ଧିମତାରେ ଦେଖିଲେ ପ୍ରକୃତି।

ଜଗତ ଅସ୍ତିତ୍ୱମୟ, ସବୁଠି ତା'ର ଉପସ୍ଥିତି। ସେ ଅଜନ୍ମା ଓ ସ୍ୱତନ୍ତ୍ର। ତେଣୁ ଅସ୍ତିତ୍ୱର ପରମ ରହସ୍ୟକୁ ଜାଣ। ସେହି ଜାଣିବା ବିଜ୍ଞାନ ହେଲା ପ୍ରେମ। ସବୁଠିରେ ଅନୁଭବ କର। ଉରରକ୍ଷ କ୍ଷ୍ୱବରଷ୍ୱରଭମର କ୍ଷ୍ଲ ରଘସଷ୍ୱଷରଭମର ଙସଷ୍ୱଷ କ୍ଷକ୍ଷ୍ୱଙ୍ଖର.

ଅସ୍ତିତ୍ୱ ସହିତ ସମସ୍ତେ ଯୋଡ଼ିଥା'ନ୍ତି ଜନ୍ମରୁ। ସେହି ଯୋଡ଼ (ଉରଙ୍ଖରଭଷ୍ୱ) ହିଁ ପରମ ପ୍ରେମ। ଯାହାର ଅନ୍ୟନାମ ପରମାତ୍ମା। ତା'କୁ ଆବିଷ୍କାର କରିବା ମାନବର ଧର୍ମ।

ସ୍ୱୟଂକୁ ଜାଣିବା ବିନା ସମସ୍ତେ ଅଜ୍ଞାନୀ। କେବଳ ଶିକ୍ଷା ପାଇଗଲେ କେହି ପ୍ରଜ୍ଞାବାନ ହୁଏନାହିଁ। ଅସଲି ଜ୍ଞାନ ପାଇଁ ଧ୍ୟାନରେ ଯୋଡ଼। ସେହି ହିଁ କର୍ମ, ଭକ୍ତି, ଧର୍ମ ଓ ମୋକ୍ଷର ଆଧାର। ତାହାକୁ ଆଧାର କରି ସ୍ୱଂୟର ଅନ୍ତର୍ଗୁମ୍ଫାରେ ବିଶ୍ରାମ ନିଅନ୍ତି ସନ୍ଥ।

ସନ୍ଥ କୁହନ୍ତି ସମାଧିସ୍ଥ ବ୍ୟକ୍ତି ପରମ ଭୋଗୀ କିନ୍ତୁ ଇନ୍ଦ୍ରିୟ ଦ୍ୱାରା ନୁହେଁ

ବରଂ ଅତିନ୍ଦ୍ରୀୟ ଦ୍ୱାରା । ତେଣୁ ଭୋଗ, ରାଗ ଓ ଯୋଗ ନ କରି ଜଗିବା ବରଂ ଜରୁରୀ । ସେହି ଜଗିବାର ରହସ୍ୟକୁ ଜାଣିବା ଧ୍ୟାନ, ଯା'ର ପରିଚୟ ସନ୍ଥଙ୍କର ଦର୍ଶନ । ଏ ଅବସରରେ ଓଶୋଙ୍କ ମୁଖ ନିଃସୃତ ମହାବାଣୀରୁ ସଂଗ୍ରହ ପ୍ରସାଦକୁ ସରଳ ମାତୃଭାଷାରେ ପରିପ୍ରକାଶ କରି, ଉତ୍କଳବାସୀଙ୍କ ଚରଣ କମଳରେ ସମର୍ପିତ ଏହି ଅର୍ଘ୍ୟ, ଯା'ର ନାମ ଧ୍ୟାନ ଗୀତା (ଆନନ୍ଦ ଗୀତା ଓ ସାଧନା କଥାରୁ ମିଳିତ ପ୍ରସାଦ) । ଯଦି ସାଧାରଣ ସଂସାରୀଙ୍କ ହୃଦୟକୁ ସ୍ପର୍ଶ କରିପାରିବା ସହିତ ଧ୍ୟାନର ଅନୁଭବ ଦେଲା, ଏହି ଅଧମ ଫକୀରର ଜୀବନ ସାର୍ଥକ ହେବ । ଶେଷରେ ସମସ୍ତଙ୍କୁ ପ୍ରଣାମ, ମୋର ପ୍ରଣାମ ସ୍ୱୀକାର କରିବେ ।

ଆଚାର୍ଯ୍ୟ ସ୍ୱାମୀ ଜଗନ୍ନାଥ
ସଂସ୍ଥାପକ
ଓଶୋ ଧ୍ୟାନ ସମାଧି କେନ୍ଦ୍ର
ପୁରୀ, ଓଡ଼ିଶା

ସନ୍ନ୍ୟାସୀ ଅଟଇ ମୋ ପରିଚୟ

ସଂସାରୀ ନାମଟି ମୋ ଜଗନ୍ନାଥ
ଜନମୁ ଖୋଜଇ ସତ୍ୟର ପଥ।
ବାହାରବିଲରେ ଜନମ ମୋର
ଅସଂଖ୍ୟ ପଡ଼ୋଶୀ ଅସାଧୁଙ୍କର।

ଜ୍ଞାନୀ ଓ ଅଜ୍ଞାନୀ ସବୁ ତ ଏକା
ନିଜ ସ୍ୱାର୍ଥପାଇଁ ହୁଅନ୍ତି ସଖା।
ଜନମୁ ଅଟଇ ମୁଁ ଯେ ଦିବ୍ୟାଙ୍ଗ
ସମସ୍ତେ କରନ୍ତି ସଦା ତ ବ୍ୟଙ୍ଗ।

ଯାହା ଯେତେକଲେ ପ୍ରଶଂସା ନାହିଁ
ସଂସାର ଭିତରୁ ତିଷ୍ଠିବା କାହିଁ।
ପିତା ଚାଲିଗଲେ ଅସମୟରେ
ଘରର ଦାୟୀତ୍ୱ ଥିଲା ଉପରେ।

ସବୁ ସମସ୍ୟାର ନାମ କୋଟିଏ
ଗୁରୁଙ୍କୁ ଖୋଜିବା ରାସ୍ତା ଗୋଟିଏ।
ବାହାର ସଂସାରେ ନାହିଁ ତ ପ୍ରୀତି
ମନ ଭାଙ୍ଗିଗଲା କରିଲି ଇତି।

ବାର ବର୍ଷ ଧରି ଖୋଜିଲି ବାଟ
ଶେଷରେ ଖୋଲିଲି ନିଜ କବାଟ।
ଗୁରୁ ନାମ ଦେଲେ ଜ୍ଞାନ ସୁବୋଧ
ଯାତ୍ରା ଲକ୍ଷ୍ୟ ହେଲା ଆତ୍ମାର ବୋଧ।

ପରମ ପୁରୁଷ ପିତା ମୋ ଜାଣ
ପ୍ରକୃତି ସାଜିଲା ମାତାଙ୍କ ଗୁଣ।
ଉତ୍ସବ ଅଟଇ ଜାତି ମୋହର
ଗୋତର ମଣଇ ଆନନ୍ଦ ତା'ର।

ଯାହା କଲି ଶାନ୍ତି ମିଳିଲା ନାହିଁ
ବୃତ୍ତି କରୁଥାଏ ସଂଗ୍ରାମେ ରହି।
ଅତୀତ ହୋଇଲା ପରମ ଶତ୍ରୁ
ଭବିଷ୍ୟତକୁ ମୁଁ ମାନଇ ମୃତ୍ୟୁ।

ବର୍ତ୍ତମାନ ଅଟେ ଯାହାର କର୍ମ
ତା'ର ପୁରୁଷାର୍ଥ ଅଟଇ ଧର୍ମ।
ସଂସାର ସଂବନ୍ଧେ ନାହିଁ ତ ପ୍ରେମ
ଗ୍ରନ୍ଥରେ ନ ଥାଏ ସତ୍ୟର ମର୍ମ।

ଜାଣିଲି ସତ୍ତ୍ୱ ଅସଲି ମୁକ୍ତି
ଶୂନ୍ୟର ବିଶ୍ରାମେ ଗଲି ମୁଁ ମାତି।
ଅନ୍ତର ଯାତ୍ରାରେ ହେଲି ମୁଁ ଥୟ
ସନ୍ନ୍ୟାସୀ ଅଟଇ ମୋ ପରିଚୟ।

■

ଜଗନ୍ନାଥ ଗାଏ ହରି

ହେ ହରି !
ତୋ ହାତେ ସତ୍ୟର ଡୋରୀ
ଶୁଣିଲେ ଅନ୍ତରୁ ଯିବି ମୁଁ ତରି,
ଜୀବନ ଯାଉ ମୋ ସରି ।

ହେ ହରି...
ମାୟାକୁ ନ ମାରୁ ମନକୁ ନ ହାରୁ
ମରୁଥାଏ ସଦା ଶରୀ,
ନିରାକାରୁ ଝରୁ ଶୂନ୍ୟତାରେ ପୁରୁ
ଶୁଣାଉ ଅଜପା ତୂରୀ ।

ହେ ହରି...
ସପନକୁ ଧରି କାମନାକୁ ଚିରି
ସଂସାରୀକୁ କରୁ ଜାରି
ସହଜରେ ହାରି ପ୍ରୀତିକୁ ଆବୋରି
ସନ୍ଥଗାଏ ଥିରି ଥିରି

ହେ ହରି...
ସବୁଥିରେ ଚରି ନାମରେ ଭଗାରୀ
ଦେଖି ନ ପାରେ ମୁଁ ସାରି,
କୃପାକର ପ୍ୟାରୀ ଶୁଣ ମୋ ଗୁହାରୀ
ଯାଏ ମୁଁ ତୋ ପାଦେ ମରି ।

ହେ ହରି...
ଶୁଣିବି ଭିତରୁ ନାଦର ମହୁରୀ
ଗୁରୁପାଦେ ଧ୍ୟାନ କରି
ସ୍ୱାମୀ ଜଗନ୍ନାଥ ମାଗେ ତୋ ଚାକିରୀ
ନାମ ସୁମିରଣ କରି
ହେ ହରି...

■

ଏହି ସମାଧି

ସାହିବ କହତୁ ସତ୍ୟର କଥା
ଅମର ଲୋକକୁ ବାଟ ତୁ ବତା ।
କେଉଁ ଲୋକ ଆମ ଅସଲି ଗୃହ
କେଉଁ ଘାଟ ଦେଇ ଯିବି ମୁଁ କହ ।

ବଙ୍କ ଦେଶ ବୋଲି କହନ୍ତି ଭୀମ
ଘଟରେ ପଶିଲେ ପାଇବୁ ଶ୍ୟାମ ।
ସଂସାର ଗଢ଼ିଛି ଯେ ନିରଂଜନ
ମନ ମାୟା ଆଉ ସବୁ କାଞ୍ଚନ ।

ଚକ୍ଷୁ ଝଲୁସୁଛି ଭୋଗକୁ ଦେଖି
ଭୁଲିଯାଏ ସଦା ସତ୍ୟ ଓ ସାକ୍ଷୀ ।
ପେଟ ପୁରେ ନାହିଁ ଅବୁଝା ମନ
ବାହାରୁ ଚାଖିଲେ ହୁଏ ନି ଜ୍ଞାନ ।

ମୂଳକୁ ଛାଡ଼ିକି ଡାଳକୁ ଦେଖୁ
ଯେତେ ଦଉଡ଼ିଲେ ନ ପାଉ ତାକୁ ।
କେହି ହୁଅନ୍ତିନି ନିଜର ପରା
କେବେ ନ ଜାଣଇ ମକର ତାରା ।

କେବଳ ଗୋଟିଏ ରାସ୍ତା ତ ନାମ
ସତ୍ୟର ରହସ୍ୟ ଗୁରୁଙ୍କ ଦାନ।
ସଦା ସୁମିରଣ ଗୁରୁ କୃପା
ମୁକତି ପାଇବ କହେ ଅରୂପା।

ସହଜ ସାଧନା ସମ୍ୟକ ଧର୍ମ
ଜାଗ୍ରତ ରହିକି କରିବା କର୍ମ।
ନାମ ସୁମିରଣ ଏକା ଔଷଧି
ଜଗନ୍ନାଥ କହେ ଏହି ସମାଧି।

ଶ୍ରେଷ୍ଠ ଧରମ

ସଂସାରୀ ହୁଅଇ ଯେ ଭାଗ୍ୟବାନ
ଯେବେ ଶୁଣେ ସିଏ ସନ୍ଥର ଗାନ।
ଗୋବିନ୍ଦ କୃପାରୁ ସଦଗୁରୁ ମିଳେ
ସଚ୍ଚା ମନ୍ତ୍ର ନେଲେ ଜ୍ଞାନ ତା ଖେଳେ।

ଗୁରୁ ଜାଣ ପୂର୍ଣ୍ଣ ସେ ହୋଇଥାଏ
ଭୃଙ୍ଗ ତତ୍ତ୍ୱ ଥୋଇ ନାମକୁ ଦିଏ।
ବାହାରେ ଭିତରେ ତାକୁ ଦେଖିବୁ
ମହା ଶୂନ୍ୟର ତୁ ଉର୍ଦ୍ଧ୍ୱକୁ ଯିବୁ।

ନିଜର ଭିତରୁ ଜାଣିବୁ ତୁହି
ଭ୍ରୂକୁଟି ମହଲେ ବାଜିବ ସେହି।
ଅନାହତ ଧ୍ୱନି ଶୁଣିବୁ ଧିରେ
ଧ୍ୟାନ ପ୍ରେମ ଲାଗେ ଭକ୍ତିର ଡୋରେ।

ପାଞ୍ଚ ତତ୍ତ୍ୱ ତିନି ଗୁଣ ଉର୍ଦ୍ଧ୍ୱରେ
ପାଞ୍ଚ ଇନ୍ଦ୍ରିୟକୁ ସାଧିବୁ ଧିରେ।
ଇଡ଼ା ପିଙ୍ଗଳାର ଶ୍ୱାସ ଯେ ଅଧା
ସୁଷୁମ୍ନା ଯିବାକୁ ନ ଦିଏ ବାଧା।

ଅଷ୍ଟମ ଚକ୍ରରେ ଫୁଲ ଖେଳିବ
ସଂସାର ମାୟାକୁ ଭୁଲିଣ ଯିବ।
ଦଶମ ଦ୍ଵାରକୁ ଚେତା ଯେ ଯିବ
ପରମ ପୁରୁଷ ପାଖକୁ ନେବ।

ପାଇବୁନି କେବେ ପୁଣି ଜନମ
ଏଇ ଯେ ମୁକତି ଶ୍ରେଷ୍ଠ ଧରମ।

କହରେ ଭାଇ

କହରେ ଭାଇ
କୁଆଡ଼େ ଯାଉଛୁ ତୁହି
ଅସଲି ମାଲିକ ଭିତରେ ଥାଇ
ତୋତେ ଜଗିଅଛି ସେହି।

କହରେ ଭାଇ...
ଧନ ଜ୍ଞାନ ମାନ ଖୋଜୁଥାଏ ମନ
ଅସହଜେ ଦିନ ନେଇ
ସଂସାରୁ ସଂଗ୍ରହ କରିବା ନିଶାରେ
ମୂଳକୁ ଭୁଲାଇ ଥାଇ
ଅହଂକାର ଛଡ଼ା ନାହିଁ କିଛି ଲୋଡ଼ା
ନିଜେ ଭାବୁ ତୁ ଗୋସାଇଁ।

କହରେ ଭାଇ ...
ଥକିଛନ୍ତି ମୁନୀ ଆଉ ଋଷି ଜ୍ଞାନୀ
ନ ପାଇ ତା ଭେଦ କେହି,
ପରମ ନିୟମେ ସ୍ୱୀକୃତି ନ ଥାଇ
ନିଜେ ମାଲିକ ବୋଲାଇ
ବେଳ ପୁରିଗଲେ ବିଶ୍ରାମ ନ ନେଲେ
ପୁଣି ସାଥି ହୁଏ ସେହି।

କହରେ ଭାଇ...
କେହି ଜାଣେ ନାହିଁ
କ୍ଷଣେ ଆସେ ସେହି,
ବାହାନାଟିଏ ସେ ନେଇ
ସବୁ ସେ ହଜାଇ ହୁଏ ଶିଖା ଜୁଇ
ପ୍ରକାଶ ଦେବତା ହୋଇ
ଶୂନ୍ୟର ସଙ୍ଗୀତ ହୋଇଯାଏ ମିତ
ମହାଶୂନ୍ୟେ ଏକା ରହି ।

କହରେ ଭାଇ...
ଏବେ ବେଳ ଅଛି ସତସଙ୍ଗ ଆସି
ସମାଧିର ସୂତ୍ର ନେଇ
ହରି ନାମ ହେବ ଏକାକ୍ଷର ଦେବ
ପାଖେ ଆଚାର୍ଯ୍ୟ ବୋଲାଇ
ପ୍ରତି ଶ୍ୱାସରେ ତୁ ନାମକୁ ଶୁଣିବୁ
ଅକର୍ତ୍ତା ଭାବରେ ଥାଇ ।

କହରେ ଭାଇ...
ଅସ୍ତିତ୍ୱ ପ୍ରାର୍ଥନା ହଜାଇବ ସୀମା
ଗୃହସ୍ଥ ସନ୍ନ୍ୟାସୀ ହୋଇ
ସନ୍ଥ ପ୍ରେମ ନେଇ କୃଷ୍ଣ ନାମ ଗାଇ
ସମ୍ୟକ ହୋଇବୁ ତୁହି,
ସ୍ୱାମୀ ଜଗନ୍ନାଥ କହେ ଶୁଣ ମିତ
ନାମ ପରିଚୟ ଦେଇ ।

କହରେ ଭାଇ...
ନିଜ ମନ୍ଦିରରୁ ସ୍ମରଣ ପାଇଲେ
ଧ୍ୟାନ ପ୍ରେମ ହେବ ସେହି,
ଶେଷ ମୃତ୍ୟୁ ହେବ ସମାଧି ଲାଗିବ
ମୁକତି ପାଇବୁ ତୁହି
ଜଗତ କଲ୍ୟାଣ କରି ଶୁଝ ଋଣ
ସୁମିରଣେ ସଦା ଥାଇ।
କହରେ ଭାଇ..

ମୋ ନିବେଦନ

ସରିଯିବ ଦିନ ମରିବନି ମନ
ପାଇବୁନି ଆତ୍ମ ଜ୍ଞାନ,
ହେ ଜନ ! ଯଦି ନ କରିବୁ ଧ୍ୟାନ।

ପାଉଥିବୁ ଧନ କରି ଅଭିମାନ
ଭୁଲିଯିବୁ ସଦା ଦାନ,
ଶକ୍ତି ଓ ଯୌବନ ନାରୀ ଚୋରି ଜାଣ
ହୋଇବେନି ସାଥି ପୁଣ।

ହେ ଜନ...
ହଜିଯିବ ଜ୍ଞାନ ଲୁଟିନେବେ ଧନ
ଜଗତ କହିବ ହୀନ
ପ୍ରାଣ ଯିବ ଉଡ଼ି ମାରୁଥିବୁ ରଡ଼ି
ସାଥେ ଯିବନି ତୋ ଧନ।

ହେ ଜନ..
ବିଧିର ବିଧାନ କର୍ମଫଳ ମାନ
ସବୁ କରେ ନିରଂଜନ,
ଭଗବାନ ବୋଲି ଶାସ୍ତ୍ର କହେ ଚାଲି
ସେହି ଯେ ଅସଲି ମନ।

ହେ ଜନ...
ମୁକତିର ଜଡ଼ି ଗୋଟେ ଅଛି ସିଡ଼ି
କରିବୁ ଗୁରୁ ବରଣ।
ଜଗନ୍ନାଥ କହେ ଏତିକି ବୀନତି
ସଭିଙ୍କୁ ମୋ ନିବେଦନ।
ହେ ଜନ...

ସୁରତୀ

ସ୍ମରଣ କରିବ ସଙ୍କେତ ନେଇ
ଧ୍ୱନିକୁ ଶୁଣିବ ଅନ୍ତରେ ଥାଇ।
ଶ୍ରଦ୍ଧାର ଡୋରରେ ଯୋଡ଼ିବୁ ତୁହି
ସତ୍ୟର ଶବଦ ପାଇବୁ ଯାଇ।

ଶୁଣିଲେ ଜାଣିବ ଯେ ନିରନ୍ତର
ଭିତରୁ ଆସିବ କେତେ ପ୍ରକାର।
ବହିଲେ ସେ ନାଦ ନାଚିବ ମନ
ପାଇବ ସୁଗନ୍ଧ ଝରିବ ଜ୍ଞାନ।

ଶୁଣୁ ଶୁଣୁ ସଦା ଖୋଲିବ ବାଟ
ଦେଖିବ ଫଗୁଆ ଜାଣିବ ଘାଟ।
ହଜିବ ବିଚାର ବାସନା ଆସ
ସଂସାରୁ ମରିବ କାମନା ଫାଶ।

ମନ ହେବ ଶୂନ ଶୁଣିଲେ ରାସ
ଅକାରଣେ ଫୁଟେ ମୁଖରେ ହସ।
ଜାଣିବ ତୁମେତ ତାଙ୍କରି ଅଂଶ
ଦୁହେଁ ମିଶିଗଲେ ରଚିବ ଯଶ।

ଯଶ ନୁହେଁ ସେତ ସତ୍ୟର ରାସ
ଶ୍ରବଣ ପାଇଲେ ମେଣ୍ଟିବ ଶୋଷ।
ଆତ୍ମ ସଂଯୋଗରୁ ଜାଗିବ ନାବ
ନାବର ଠିକଣା ସଦଗୁରୁ ଦେବ।

ସମର୍ପିତ ହେଲେ ନ ହେବ ଊଣା
ନାମର ଠିକଣା ସନ୍ଥଙ୍କୁ ଜଣା।
ଧ୍ୟାନ ପ୍ରେମ ନେଇ ଆତ୍ମ ଜଗାଅ
ସବୁ କ୍ଷଣ ପାଇଁ ସହଜ ଥାଅ।

ସେହି ଆମ ପିତା ପ୍ରପିତା ରଥ
ନିବେଦନ କରେ ତୋ ଜଗନ୍ନାଥ।
ଆଚାର୍ଯ୍ୟ ରୂପରେ ଗୁରୁଙ୍କ ଦୂତ
ସବୁ ସତ୍ୟ ପ୍ରେମୀ ଶୁଣରେ ଗୀତ।

ଶୁଣୁ ଶୁଣୁ ନାମ ଘଟିବ ପ୍ରୀତି
ସ୍ୱୟଂର ବିଶ୍ରାମ ନାମ ସୁରତୀ।

ଜଗନ୍ନାଥ ଗୁହାରୀ

ମଣିଷ ଜୀବନ ପାଣିର ଫୋଟକା
ଆଜି ଅଛି କାଲି ନାହିଁରେ,
କାହିଁ ଚିନ୍ତା କରି ମନ ମାରୁଥାଉ
ହୀରା ବୋହିଯାଏ ପାଣିରେ।

କ୍ଷଣକୁ ନ ଜଗି ସଂସାରରେ ଭୋଗୀ
କ'ଣ ସାଇତିବୁ ପେଡ଼ୀରେ,
ଯିବା ବେଳେ ଖାଲି ଯିବୁ ତୁହି ଭୁଲି
ପଡ଼ିବୁ କାଳର ଜାଲରେ।

ଏବେ ବେଳ ଅଛି ଧ୍ୟାନ କର ବାଛି
ସୁଧୁରିବୁ ଦିନେ ବାବୁରେ,
ଦାସ ଜଗନ୍ନାଥ ଗୁହାରୀ କରୁଛି
ସହଜ ସମାଧି ସିଡ଼ିରେ।

କହ ତୁହି ମୋର ପୀର

କିଏ ସେ ନିଜର କିଏ ହୁଏ ପର
କହ ତୁହି ମୋର ପୀର,
ହେ ନିରାକାର।

ହୋଇଗଲେ ଦୂର କହନ୍ତି ନିଜର
ଭାବିଥାନ୍ତି ଯେ ପ୍ରକାର,
ସଂସାର ସାଗର ବିଧାତା ଭିତର,
ଖୋଜନ୍ତି ସଦା ବାହାର।
ହେ ନିରାକାର।

ଥକିଛନ୍ତି ମୁନି ଋଷି ଆଉ ଜ୍ଞାନୀ
ପାଇ ନ ଥାନ୍ତି ଆଧାର
ବାହାରେ ସେ ଖୋଜି ସଂଗ୍ରାମରେ ମଜି
ଧରି ପାରନ୍ତିନି ନୂର।
ହେ ନିରାକାର।

ନୀରବରେ ଥାଇ ପ୍ରଭୁ ଗୀତ ଗାଇ
ଶୁଣିବୁ ଶବଦ ଧାର,
ଆବାଜ ସହିତ ପ୍ରକାଶର ରାଜ
ସୁମିରଣ ତା ଆଧାର।
ହେ ନିରାକାର।

ସନ୍ଥ କହେ ସାର ନାମ ତା ଓଁକାର
ଗୋବିନ୍ଦ ଥାଏ ଭିତର,
ଆଚାର୍ଯ୍ୟ ଫକୀର କହେ ନିରନ୍ତର
କଥା ନ ଶୁଣନ୍ତି ନର।
ହେ ନିରାକାର।

ପ୍ରାର୍ଥନାକୁ ମୋଡ଼ି ମାଗିବାକୁ ଯୋଡ଼ି
ଭଲବେଳେ ନିଜେ ପୀର,
କେହି ନାହିଁ ରାଜି କହ ତୁହି ଆଜି
କିପରି ଧରିବ ସ୍ୱର।
ହେ ନିରାକାର।

ସେ ସ୍ୱର ଧରାଏ ମାୟାକୁ ମରାଏ
ପହଞ୍ଚାଏ ନିରାକାର,
ମଗନ ହୋଇଲେ ନିଗମ ପାଇବ
ବିଶ୍ରାମ ନେବୁ ଏଥର।
ହେ ନିରାକାର।
କହ ତୁହି ମୋର ପୀର।

ଭଗବତ୍ତା ପାଉ ସବୁ ମଣିଷ

ହେ ପୀତବାସ !
ସଭିଙ୍କ ଓଠରେ ଫୁଟାଅ ହସ
ମନରେ ଭରାଅ ଶ୍ରବଣ ରସ ।
ହେ ପୀତବାସ !

ସଂସାରୁ ହଜିବ କାମନା ବିଷ
ସହଜିବ ଗତି ହଜିଲେ ଶୋଷ,
ପ୍ରାଣରେ ଫୁଟିବ ସମ୍ୟକ ରାସ ।
ହେ ପୀତବାସ !

ଶୂନ୍ୟ ହୋଇଯିବ ମାନବ ଆଶ,
କେବଳ ଶୁଣିଲେ ସଂଗୀତ ରସ
ପହଞ୍ଚାଇ ଦେବ ଗୋବିନ୍ଦ ପାଶ ।
ହେ ପୀତବାସ !

ଆଗାମୀ ଯାତରା ହୋଇବ ଶେଷ
ଧ୍ୟାନ ଓ ପ୍ରେମରୁ ଜାଣିବ ଈଷ,
ଭଗବତ୍ତା ପାଉ ସବୁ ମଣିଷ ।
ହେ ପୀତବାସ !
ସଭିଙ୍କ ଓଠରେ ଫୁଟାଅ ହସ ।

■

ଆତ୍ମା ଏକା ମିତ

ସନ୍ଥ ଜଗନ୍ନାଥ ନୃସିଂହ ପୁତ
ଗୋବିନ୍ଦ କୃପାରୁ ବ୍ରହ୍ମରେ ରତ ।
ସାହିବ କବୀର ପ୍ରେମରେ ମତ
ବିରାଟ ଦର୍ଶନ ହେଲା ଆଗତ ।

ସମାଧିରେ ମିଶି ପାଇଲା ପଥ
ସତ୍ୟ ଅନୁଭବ ସହଜ କ୍ଷେତ ।
କଳିରେ ସାଜିଲା ସଭିଙ୍କ ମିତ
ଜାଣିଲା ନାମକୁ ଏକା ତ ସୂତ୍ର ।

ସନ୍ନ୍ୟାସୀ ହୋଇ ବି ଶ୍ରମିକ ପୁତ୍ର
ନିଜେ ପ୍ରଶାସକ ହେଲେ ବି ଭୃତ ।
ସନ୍ଥଙ୍କ ସହିତ ମିତ୍ରତା ଜାତ
ସୁମିରଣ ହେଲା ନାବର କାତ ।

ସ୍ୱୟଂ ପରିଚୟ ବାସ୍ତବ ମତ
ଧ୍ୟାନରେ ପଶିଲେ ଜାଣିବୁ ପୁତ ।
ଶ୍ରବଣ ପାଇଲେ ଶୂନ୍ୟ ସଂଗୀତ
ଅସ୍ତିତ୍ୱର ଧ୍ୱନି ଓଁକାର ସ୍ରୋତ ।

ସାକ୍ଷୀ ପ୍ରଜ୍ଞା ଜାଣ ଏକା ବୋଇତ
ସମାଧି ହଟାଏ ସବୁ ବ୍ୟାଧିତ ।
ସଂବନ୍ଧ ସାଜିଲା ଗୋପରେ ସେତ
ସଂସାରୀକୁ କଲା ଧ୍ୟାନ ବାଇ ତ ।

ଝୋରବା ହୋଇକି ବୁଦ୍ଧ ସହିତ
ଶରୀରରେ ଆତ୍ମା ଏକା ତୋ ମିତ ।

■

ରହିଛୁ ଅମର ପୁରେ

ପ୍ରଭୁହେ !
ରହିଛୁ ଅମର ପୁରେ
ଆମେ ନାମ ଶୁଣୁ ତୋ ଶବଦରେ
ପ୍ରଭୁହେ !

କେବେ ମୁଁ ଫେରିବି ଜଣା ନାହିଁ ମୋତେ
ଇଷାରା ଦିଅ ତୁ ଥରେ
ଖୋଜି ଖୋଜି ଏଠି ହଜିଗଲି ସତେ
ଷଢୁଛି ମାୟା ଜାଲରେ।
ପ୍ରଭୁହେ !

ଏବେ ମୁଁ ଜାଣିଲି ଭିତରୁ ଶୁଣିଲି
ଚାଲୁଥିଲି କେତେ ପଥେ,
ଦେଖିଲି କ୍ଷଣରେ ଶରୀ ସଦା ମରେ
ମୁକତି ଡୋରୀ ତୋ ହାତେ।
ପ୍ରଭୁହେ !

ଏତିକି ବିନତୀ ଧ୍ୟାନ ଯାଉ ମାତି
କାମନା ନ ଆସୁ ଥରେ,
ନ ଫେରେ ସଂସାର ନ ପାଉ ଶରୀର
ପ୍ରାଣ ଯାଉ ସମାଧିରେ।
ପ୍ରଭୁହେ !

ଗୁରୁ – ଏକ

ଗୁରୁ ଗୋବିନ୍ଦ ଦୁହେଁ ଏକ
ଶବଦେ ନ ଥାଏ ଭେଦ ।
ଗୋବିନ୍ଦ ନିରାକାର ଗୁରୁ
ଗୁରୁ ଯେ ସାକାର ଗୋବିନ୍ଦ ।

ଗୁରୁ ଗୋବିନ୍ଦ ଦୁହେଁ ଠିଆ
କାହାକୁ କରିବି ପ୍ରଣାମ ।
ଗୋବିନ୍ଦ ଶ୍ରବଣରେ ଥାଇ
କହନ୍ତି ଗୁରୁ ପ୍ରଥମ ।

ଗୁରୁ ବିନା ନ ଜ୍ଞାନ ଆସେ
ବିନା ଆଶୀଷରେ ମୋକ୍ଷ ।
ଗୁରୁ ବିନା ନ ସତ୍ୟ ଦିଶେ
ପୂରଣ ହୁଏ ନି ଲକ୍ଷ୍ୟ ।

ଗୁରୁ ସମାନ ନାହିଁ ଜ୍ଞାନୀ
ଶିଶାର ସମାନ କାମ ।
ଗୁରୁଙ୍କ ପ୍ରସାଦ ଅମୂଲ୍ୟ
ସାଧନାର ମୂଳ ନାମ ।

ଗୁରୁଙ୍କୁ ନ ମଣିବ ନର
ସେହି ଯେ ସାକ୍ଷାତ ଈଶ୍ୱର।
ଗୁରୁ ପ୍ରତିମା ଧ୍ୟାନ କର
ଅନ୍ତରୁ ଝରିବ ଓଁ କାର।

ଗୁରୁଙ୍କ ଠାରୁ ନାମ ନେଇ
ଅହଂକାରକୁ କର ଦାନ।
ପ୍ରଜ୍ଞା ଖୋଲିଯିବ ଆପେରେ
ହଜିବ ତୋ ଅଭିମାନ।

ଗୁରୁ ପାରସ ଅନ୍ତରର
କହଇ ଜଗନ୍ନାଥ ଦାସ।
ଗୁରୁ ପାଦକୁ କରି ସ୍ପର୍ଶ
ପାଇବ କୋଟି ଆଶୀଷ।

ଯେ ଗୁରୁ ଶରଣକୁ ଛାଡ଼ି
କରଇ ଅନ୍ୟ ଭରଷା।
ଧନ ଜନକୁ ମଣଇ ସୁଖ
ଭୋଗଇ ନରକ ଦଶା।

ଗୁରୁ କୁମ୍ଭାର ଶିଷ୍ୟ କୁମ୍ଭ
କହଇ ରବି ଦାସ।
ଗଢ଼ଇ ମାଟିରୁ କଳସ
ଫୁଟାଏ ସଂସାରେ ହସ।

ଗୁରୁ - ଦୁଇ

ଗୁରୁ ପ୍ରତିବିମ୍ବ ଅନ୍ତରେ ଥୋଇ
ତିନି ଲୋକରୁ ବି ଭୟ ତୁଟଇ।
ଜୀବିତ ଗୁରୁଙ୍କୁ ଆଗରେ ପାଇ
ଅହୋଭାବ ଦେବୁ ପ୍ରଭୁଙ୍କୁ ଚାହିଁ।

ସଂସାର ଭୟରୁ ହୁଏ ମୁକତ
ଦେବ ରିଷ୍ଟ ହେଲେ ଗୁରୁ ଯେ ମିତ।
ଯେଉଁ ବ୍ୟକ୍ତି ପରା ନ କରେ ସେବା
ଚକ୍ଷୁ ଥାଇ ଅନ୍ଧ କୁହଇ ଦେବା।

ସମ୍ୟକ ପ୍ରେମ ଯା କୁଟୁମ୍ବେ ଫଳେ
ଗୁରୁ ଶ୍ରଦ୍ଧାବାନଙ୍କୁ ଜ୍ଞାନ ମିଳେ।
ଧ୍ୟାନେ ଗୁରୁ ରୂପ ପୂଜାରେ ପାଦ
ସ୍ମରଣରେ ନାମ ସତ୍ୟ ଶବଦ।

ଚନ୍ଦ୍ରମା ଶୀତଳ ଗୁରୁ ବଚନ
ସମର୍ପିତ ବ୍ୟକ୍ତି ଭୁଲେ କାଞ୍ଚନ।
ବିନା ଆଶ୍ରିତରେ ଛାର ସଂସାର
ଧୋବା ଘାଟ ପରି କୁତା ବେଭାର।

କେହି ହୁଏ ନାହିଁ ତୋର ନିଜର
ପରିବାର ହୁଏ ସବୁଠୁ ଦୂର।
ପ୍ରେମ ବିନା ଭକ୍ତି ଦମ୍ଭ ବିଚାର
ଉଦର ନ ଭରେ ମିଥ୍ୟା ଆଚର।

ବିନା ଧ୍ୟାନେ ଘଟେ ନାହିଁ ତ ଜ୍ଞାନ
ସବୁର ମୂଳରେ ବିଚାର ଶୂନ।
ଭକ୍ତି ଯେ ନିଶୁଣୀ ସନ୍ଥ ମନ୍ଦିର
ଶ୍ରଦ୍ଧା ଉପୁଜିଲେ ଦର୍ଶନ ତାର।

ଅକର୍ତ୍ତା ଭାବରେ ଶ୍ରଦ୍ଧା ଯୋଡ଼ିବ
ସହଜ ସ୍ଥିତିରେ ନାମ ଶୁଣିବ।
ସବୁଠୁ ସହଜ ସ୍ୱଭାବ ତୋର
ତାର ପରିଚୟ ଜାଣିଲେ ପୀର।

ଗୁରୁ କୃପାନିଧି ଅମୃତ ରସ
ସଂସାର ସର୍ଜନା କେବଳ ବିଷ।
ଅସମ୍ପୂର୍ଣ୍ଣ ହୁଏ ମାନବ କାମ
ଆଶା ଘୁରିବୁଲେ ନ ପାଇ ଦାମ।

ଭକ୍ତି ବୀଜ ଯେବେ ନାହିଁ ପ୍ରକାଶ
ଯାହା ଦେଖାଇଲେ ନ ମିଳେ ଶୀଷ।
ସନ୍ଦେହ ନ ଥାଇ ଶ୍ରଦ୍ଧାରେ ଥାଅ
ସନ୍ଥ ବଚନକୁ ଧ୍ୟାନରେ ପିଅ।

ଅଧୁରା କରନି ନିର୍ଦ୍ଦେଶ ତା'ର
ଅଭିମାନ ତୋର ହେବନି ଦୂର।
ଅହଂକାରେ ଯେବେ ଓଁକାର ହେବ
ଅନ୍ତର ଶ୍ରବଣ ଦ୍ୱାର ଖୋଲିବ।

ଗୁରୁ - ତିନି

ଗୁରୁ ସେବା କରି କହେ ଯେ ଜ୍ଞାନୀ
ଅନ୍ନ ଦାନ ଦେଲେ ହୁଏ ବି ମାନି ।
ଲୋଭୀ ବ୍ୟକ୍ତିଙ୍କର ହୁଏ ନି ଭକ୍ତି
କ୍ରିୟା କାଣ୍ଡ କରି ଦେଖାନ୍ତି ଯୁକ୍ତି ।

ଯାହା କଲେ ନିଜେ ଆକାର ନିଏ
ତାର ମନ ସଦା ଶୀକାରୀ ହୁଏ ।
ଆକାରରୁ ଫଳେ ଯେ ଅହଂକାର
ସେହି ଶୁଦ୍ଧତାର ବାଧକ ଦ୍ୱାର ।

ଜୀବାତ୍ମା ଗାଆନ୍ତି ଭକ୍ତିର ଗୀତ
କେହି ନ ଜାଣନ୍ତି କିଏ ସେ ମିତ ।
ନିଜ ନିଷ୍ପତ୍ତିରେ ଭାବୁ ଶୀତଳ
ବିନା ସତସଙ୍ଗେ ମିଳେନି କୂଳ ।

ସମର୍ପିତ ହେଲେ ସଦ୍ଗୁରୁ ଦ୍ୱାର
ନାମ ପରିଚୟ ମିଳେ ସତ୍ୟର ।
ସତ୍ୟର ଇନ୍ଧନ ନାମ ସ୍ମରଣ
ଶବଦ ଶୁଣିଲେ ସବୁକୁ ଜାଣ ।

ସେହି ତ ସାଧନ ସେହି ବ୍ୟଞ୍ଜନ
ଗୁରୁ କୃପାସିନ୍ଧୁ ଅଟଇ ଧନ।
ମାୟା ହଜିଯାଏ ଚିତ୍ତ ତୋ ସ୍ଥିର
ପରମ ଆନନ୍ଦ ଝରେ ନିର୍ଝର।

ନିଷ୍କାମୀ ନ ସାଧି ପାତିଲେ ହାତ
ଗୋବିନ୍ଦ ଦିଅନ୍ତି ନାହିଁ ତା ସାଥ।
ସଂସାରୀ କଥାଟି ଭାରି କୋମଳ
ମନ ତାର ଥାଏ ସଦା ଜଟିଳ।

ପାଇବାର ଆଶା ସବୁଠି ରହେ
ଦେଖାଣିଆ ହୋଇ ବଚନ କହେ।
ଗୁରୁ ସତସଙ୍ଗ ରାମର ମେଳ
ଅନ୍ତର ଦର୍ଶନ କାମ ସରଳ।

ମାୟା ଯେ ଜ୍ୱଳନ୍ତ ଦୀପ ସମାନ
ନର ଯେ ପତଙ୍ଗ କରେ ଗମନ।
ଭ୍ରମରେ ମାତନ୍ତି ସବୁ ଜୀବନ
ଖୋଜୁଥାନ୍ତି ସଦା ଗ୍ରନ୍ଥରୁ ଜ୍ଞାନ।

ସତ୍ୟର ସଙ୍କେତ ନାହିଁ ଶାସ୍ତ୍ରରେ
ବିରଳ ସାଧକ ପାଏ ପାଖରେ।
ନିଜକୁ ସାଧିଲେ ହୋଇବ ପୀର
ନାମ ସୁମରିଲେ ଜାଣ ଈଶ୍ୱର।

ଶରୀର ଭିତରେ ସେ ନିରାକାର
ନାଦ ନୂର ହୋଇ ଦିଏ ଆକାର।
ସାକାର ଆକାର ଓ ନିରାକାର
ତା ଠାରୁ ଉର୍ଦ୍ଧ୍ୱରେ ସ୍ୱଂୟର ଘର।

ସେ ଅମର ଲୋକ ସତ୍ୟର ଦ୍ୱାର
ଯେଉଁଠି ରୁହନ୍ତି ଗୋବିନ୍ଦ ତୋର।
ପରମ ପୁରୁଷ ଏକା ଆଧାର
ଜଗନ୍ନାଥ କହେ ସେହି ଈଶ୍ୱର।

ଗୁରୁ ଏକା ଜାଣ ବାଟ ସତ୍ୟର
ସେହି ଦେଇଥାନ୍ତି ନାମ ଓଁକାର।
ଓଁ କାର ଶବଦ ପରମ ସ୍ୱର
ଶ୍ରବଣେ ବିଶ୍ରାମ ଅମର ପୁର।

ଗୁରୁ - ଚାରି

ସଂସାରୀ ନ ବୁଝେ ସତ୍ୟ ମହିମା
ବଡ଼ ପୁଞ୍ଜି ହୁଏ ଧନ ଓ ଜମା ।
କଣ୍ଠରେ ଗାଇଲେ ହୁଏନି ଜପ
ଯେତେ ଧୋଉଥିଲେ ଲିଭେନି ପାପ ।

ଦାନ ଦକ୍ଷିଣାରେ ହୁଏ ନି କାମ
ଗୀତା ବେଦ ପଢ଼ି ମିଳେନି ଶ୍ୟାମ ।
ଗଙ୍ଗା ସ୍ନାନ କଲେ ହୁଏ ନି ଶୁଦ୍ଧ
ଶ୍ଳୋକ ଗାଉଥିଲେ ହେବୁନି ବୁଦ୍ଧ ।

ଅଭିମାନ ଥିଲେ ସନ୍ଥଠୁ ଦୂର
ଶ୍ରଦ୍ଧବାନ ହେଲେ ସାଧୁ ନିଜର ।
ପୂର୍ଣ୍ଣ ସମର୍ପିତ ପାଏ ଆଧାର
ନାମର ଠିକଣା ଦିଅନ୍ତି ପୀର ।

ପୀର କହନ୍ତିନି ସଂସାର ପର
ବାଟ କହିଥାନ୍ତି ଏକା ସତ୍ୟର ।
ନାମ ସୁମିରଣେ ଜାଣିବୁ ବାଟ
ସୁରତୀ ଯୋଡ଼ିଲେ ହଜିବ ନାଟ ।

ମୁକତି ପାଇବ ପରମ ଜୀବ
ଏହି ଜାଣ ସତ୍ୟ କଳିର ନାବ।
ନାବର ଠିକଣା ଗୁରୁ ଯେ ଦେବ
ଅସ୍ତିତ୍ୱ ସ୍ୱୀକୃତି ତେବେ ମିଳିବ।

ଗୁରୁ - ପାଞ୍ଚ

ମରିବା ପାଇଁ ଯେ ବହୁତ ବାଟ
ତରିବାର ଜାଣ ଗୋଟିଏ ଘାଟ ।
ପ୍ରଭୁ ଦେଖୁଛନ୍ତି ଥାଇ କି ନାଟ
କାଳ କରୁଅଛି ସଂସାରେ ଫାଟ ।

ଭୋଗ ରୋଗ ଯୋଗ ସବୁ ତା କୁଟ
କାମ କ୍ରୋଧ ସଙ୍ଗେ କରାଏ ଭେଟ ।
ସଂସାରୀ ସନ୍ନ୍ୟାସୀ କେବେ ନ ଯୋଟ
ମନ ଦେଖୁଥାଏ ସଭିଙ୍କ ନାଟ ।

ସନ୍ଥ କହିଥାନ୍ତି ସବୁକୁ କାଟ
ସଚ୍ଚା ଶବଦକୁ ସଦା ତୁ ରଟ ।
ବାହାର ଯାତରା ସବୁ ତ ଝୁଟ
ଜଗନ୍ନାଥ କହେ ଗୁରୁଙ୍କୁ ଭେଟ ।

ଭିତରେ ଥାଉ ଏକ

ସାରା ସଂସାରୀ ସୁଖରେ ସାଥି
ବିପଦେ ନୁହେଁ କେହି ।
ଦୁଃଖ ଦେଖିଲେ ମୁହଁ ମୋଡ଼ନ୍ତି
ସମ୍ପଦେ ଗୀତ ଗାଇ ।

ପକ୍ଷୀ ଉଡ଼ନ୍ତି ଦୂର ଆକାଶେ
ନ ଭୁଲି ତାର ବସା ।
ମଣିଷ ବୁଲେ ଜୀବନ ସାରା
ପୂରେନି ତାର ଆଶା ।

ପୂର୍ଣ୍ଣ ମଣିଷ ଏପରି ହେଉ
ପାଖେ ରହୁ ତା ବିବେକ ।
ବାହାରେ ପଛେ ଯାତରା ଚାଲୁ
ଭିତରେ ଥାଉ ଏକ ।

ସବୁ ସର୍ଜ୍ଜନାର ନାମ ଓଁକାର

ବଡ଼ପଦ ମୋତେ କେବେ ଦେବୁନି
ମୁଁ ପରା ଅନ୍ୟର କେବେ ହେବିନି।
କାହାରିକୁ କେବେ ପାରିନି ଠକି
କେବଳ ତୁମର ହେବାକୁ ସଖି।

ସଭିଙ୍କୁ ସନ୍ତୁଷ୍ଟ କରି ହୁଏନି
କଲେ ବି କିଛିକୁ ତିଷ୍ଠି ରହେନି।
ବାହାରେ ଥାଇକି ଅନ୍ତରୁ କହୁ
କାହାକୁ ଜଗାଉ ପୁଣି ପକାଉ।

ଆରମ୍ଭରେ ଥାଇ ଶେଷରେ ରହୁ
ଜୀବଙ୍କ ଭିତରେ ସଂଗୀତ ଗାଉ।
ସ୍ୱୟଂରେ ବିକାଶ କରାଉଥାଉ
ପ୍ରାଣ ସହଜିଲେ ପ୍ରକାଶ ପାଉ।

ଶୂନ୍ୟରେ ବସିଣ ବିଚାର ନେଉ
ଅନ୍ତରୁ ଶୁଣାଇ ଧ୍ୟାନ ଜଗାଉ।
ଜଗିବା ମୂଳରେ ତୋର ଆଶୀଷ
ବେହୋଶ ରହିଲେ ସବୁ ତ ବିଷ।
ସକଳ ସ୍ରଷ୍ଟାଙ୍କୁ ମୋ ନମସ୍କାର
ସବୁ ସର୍ଜନାର ନାମ ଓଁ କାର।

ସନ୍ଥ ତୁମର

କି ସୁନ୍ଦର ଶରୀ ଶୋଭା ପାଉଛି
କେତେ ରଙ୍ଗଦେଇ ଢଙ୍କା ଯାଉଛି।
କଅଁଳ ପତରେ ହସ ଖେଳୁଛି
ପବନ ମଝିରେ ନାଟ କରୁଛି।

ସାରା ଦୁନିଆଟା ନାହିଁତ ଖାଲି
ସର୍ବ ଜୀବ ଗାଏ ମନକୁ ମେଲି।
ପଶୁ ପକ୍ଷୀ ଠାରୁ କୀଟ ପତଙ୍ଗ
ବୃକ୍ଷଲତାଙ୍କର ବିଭିନ୍ନ ରଙ୍ଗ।

ସଂସାରୀ ଭୋଗରେ ନାଚୁଛି ମନ
ସନ୍ଥର ହୃଦୟେ ଲାଗଇ ଧ୍ୟାନ।
ବିଧାତା ନାମରେ ଗଢୁଛୁ କେତେ
ମୋ ମନ ବୁଝେନି ତଥାପି ସତେ।

ଆଉ କିଛି ଦିନ ଗଲେ ତ ସରି
ଆପେ ଚାଲିଯିବ ସୁନ୍ଦର ଶରୀ।
ବୁଢ଼ା କଙ୍କାଳକୁ ଧରିକି ଥାଉ
ତଥାପି ସଂସାରେ ଜ୍ଞାନ ନ ପାଉ।

ପତ୍ର ଫୁଲ ଖାଇ ଗଣ୍ଡିକୁ ଧରେ
ଶେଷରେ ମଣିଷ ପେଟ ନ ପୁରେ ।
ଯେତେ ଯାହା କଲେ ମରେନି ମନ
ବାହାର ସଂଗ୍ରହୁ ହେଲାନି ଜ୍ଞାନ ।

କିପରି ତୋହର ସର୍ଜନା ଗଢ଼ା
ବୁଝି ପାରିଲିନି ହୋଇକି ମଢ଼ା ।
ତଥାପି ଭାବୁଛି କରୁଣା କର
ମୋତେ ମିଳିଯାଉ ବୃକ୍ଷ ଶରୀର ।

ମୋର ଯେ ଜୀବନ ଗଛଟେ ହେଉ
ଖାଦ୍ୟ ବସ୍ତ୍ର ଅମ୍ଳ ଦେଇକି ଯାଉ ।
ପାଇବା କହିବା ନ ରହୁ ମୋର
ସମାଧିରେ ଥାଉ ସନ୍ଥ ତୁମର ।

ଭେଟିବୁ ରାମ

ସଂସାର ଗୋଟିଏ ଅଭୁତ କଳ
ସମସ୍ତେ ଭୋଗନ୍ତି ଅର୍ଜିତ ଫଳ।
ଯାହା କର୍ମ କର ମିଳେ ତ କିଛି
ସତ୍ୟ ପଥେ ଯାତ୍ରା ଦେଖାଏ ବାଛି।

ନିଜର ରାସ୍ତାରେ ଯିବୁ ତୁ ସଦା
ସମ୍ୟକ ଭାବକୁ ନ ଦେବୁ ବିଦା।
ପରମ ନିୟମ ମାନିକି ଚଳ
ଅସ୍ତିତ୍ୱର କୃପା ଦେବ ଯେ ବଳ।

ମାଗିବୁନି କେବେ କାହା ପାଖରେ
ଆବଶ୍ୟକ ବେଳେ ଆପେ ଆସେରେ।
ଗୋବିନ୍ଦ ଅଟଇ କରୁଣାବାନ
ଆଶା ନ କରିଲେ ମିଳଇ ଦାନ।

ତାଙ୍କରି ଜିନିଷ ସଂସାରୀ ଦେଇ
ପୂଜପାଠ କରେ ସବୁ ଦେଖାଇ।
ଯଦି ପାରୁ ତୁହି ହୋଇବୁ ଶୁଦ୍ଧ
ଅନ୍ତର ଗଗନେ ନ ଥିବ ଯୁଦ୍ଧ।

ଯାହା ପାରୁ ତୁହି କରିବୁ ସେବା
ଭିତର ପ୍ରକାଶ ଭରିବ ଆଭା।
ଶୂନ୍ୟ ମନ ହେଲେ ହଜେ ବିଚାର
ଅକଂପ ସ୍ଥିତିରେ ରହେ ଶରୀର।

ବୁନ୍ଧ ହେଲେ ଭାବ ଜଗିବ ଜୀବ
ଗୁରୁକୃପା ପାଇ ଚାଲିବ ନାବ।
ନାବର ଯାତରା ଯେ ସୁମିରଣ
ଓଁ କାର ଶ୍ରବଣ ଅଟେ କାରଣ।

ତାରଣ କରିବ ଜଗତୁ ଜୀବ
ଚେତନା ତୋହର ଯେ ବିକଶିବ।
ବିକାଶ ମୂଳରେ ସତ୍ୟର ନାମ
ଇସାରା ଧରିଲେ ଭେଟିବୁ ରାମ।

ଫକୀର ସୂତ

ଜୀବନ ଯାତ୍ରାରେ ଖୋଜିଛି କେତେ
ପାଖରେ ଥାଇ ତୁ କହିନୁ ମୋତେ ।
ବାହାର ବୁଲିକି ପୁରିନି ମନ
ଶାସ୍ତ୍ରକୁ ପଢ଼ିକି ହୋଇନି ଜ୍ଞାନ ।

ସଂଗ୍ରହ ଜ୍ଞାନ ତ ବହୁତ କଥା
ନ ଥାଏ ଯେ କିଛି ଦିଏ ସେ ବ୍ୟଥା ।
କେବଳ କାମନା ଜାଗ୍ରତ କରେ
କ୍ଷଣିକରେ ମନ ଅଯଥା ମରେ ।

ମରଣ କାଳରେ ଆସିଲା ହୋସ
ଅନ୍ତରେ ଜାଗିଲା ସ୍ୱୟଂର ଶ୍ୱାସ ।
ଶ୍ୱାସକୁ ସହଜି ହୋଇଲି ସ୍ଥିର
ଆପେ ପହଞ୍ଚିଲି ଗୁରୁଙ୍କ ଦ୍ୱାର ।

ଯେଉଁଠି ପ୍ରେମ ଓ ଧ୍ୟାନର ପଥ
ଦୁହେଁ ମିଶିକରି ଗଢ଼ାଏ ମିତ ।
ମୈତ୍ରୀଭାବ ହେଲା ସରଳମୟ
ବାହାରୁ ହଜିଲା ମୃତ୍ୟୁର ଭୟ ।

ଅହଂକାର ହଜି ଓଁକାର ହେଲା
ପ୍ରକୃତି ଆବାଜ ନିଜେ ଶୁଣିଲା।
ସଭିଁ ଜୀବାତ୍ମାଙ୍କ ମିତ ସାଜିଲା
ପରମ ସତ୍ୟକୁ ସ୍ୱୟଂ ଲଭିଲା।

ଜାଣିଲା ସ୍ଥୁଳରେ ନ ଥାଏ ପତ୍ତା
ସୂକ୍ଷ୍ମର ଇସାରା ଦେଖାଏ ସତ୍ତା।
ଯେଉଁଠି ନ ଥାଏ ମାୟାର ଘର
ସବୁଠି ପାଇବ ପ୍ରକାଶ ପୁର।

ହଜିବ ବିଚାର ବାସନା ସ୍ୱର
ବିଷୟ ନ ଥିବ କାମନା ଛାର।
ସାଧନାର ଚାବି ଗୁରୁ ଯେ ଦେବ
ଅସ୍ତିତ୍ୱ ସ୍ୱୀକୃତି ତୁମକୁ ହେବ।

ନିରାକାର ଊର୍ଦ୍ଧେ ପୂର୍ଣ୍ଣର ପୀର
ଶ୍ରବଣ ପାଇଲେ ଦେଖିବୁ ଦ୍ୱାର।
ଶବଦ ଶୁଣିଲେ ବିଶ୍ରାମ ହେବ
ଆପେ ଆପେ ଧ୍ୟାନ ପହଞ୍ଚିଯିବ।

କେବଳ ପାଇବ ଶୂନ୍ୟେ ବିଶ୍ରାମ
ବୈକୁଣ୍ଠ ସାଜିବ ପରମ ଧାମ।
ମନ ମିଶିଯିବ ଚେତା ଜାଗିବ
ଜାଣିବ ବିରାଟ ବ୍ରହ୍ମ ହିଁ ଶିବ।

ସ୍ୱୟଂର ମନ୍ଦିର ଶୂନ୍ୟ ହୋଇବ
ସଭି ଜୀବାତ୍ମାରେ ପ୍ରଭୁ ଦେଖିବ।
ସାଜିବୁ ସଂସାରେ ପରମ ମିତ
ଗାଏ ଜଗନ୍ନାଥ ଫକୀର ସୁତ।

ଜଗାର ନାବ

କାହାକୁ କହିବି ମନର କଥା
ଯାହା ମୁଁ ଶୁଣୁଛି ଗାଉଛି ଗୀତା ।
ସନ୍ଥଙ୍କୁ ସହିବା ଦୁଷ୍ଟଙ୍କୁ ତୁଣ୍ଡ
ସାଧୁ ଯେ ନିଧନ ଲୋଭୀଙ୍କୁ ଭାଣ୍ଡ ।

ଅଜ୍ଞାନୀ ଯାଆନ୍ତି ସାକାରେ ମାତି
ନିଜେ ଭାବେ ଜ୍ଞାନୀ ସଂସାର ପତି ।
ପଣ୍ଡିତ ସେବାରେ ମାତନ୍ତି ଜନ
ପାଇବା ଆଶାରେ ବୁଲୁଛି ମନ ।

ସ୍ବାଦ ପାଏ ନାହିଁ ଖାଇବା ବାଲା
ଭିତର କେନ୍ଦ୍ରକୁ ନ ଜାଣି ମଲା ।
ଦିନସାରା ସାଧୁ ଚରଚା କରେ
ରାତିରେ ନ ଶୋଇ ଶୁଣିବା ଧରେ ।

ପାଟିରେ ଓଠରେ ନ କୁହେ କିଛି
ଅନ୍ତରୁ ଶୁଣେ ସେ ନାମକୁ ବାଛି ।
ନାମ ତ ସହଜ ଧ୍ୱନି ପ୍ରଭୁର
ଶୁଣି ଯେ ପାରିଲା ହେଲା ଈଶ୍ୱର ।

ସ୍ୱୟଂର ମାଲିକ ଅନ୍ତରେ ଥାଏ
ଶୂନ୍ୟର ସଂଗୀତ ସଦା ଶୁଣାଏ ।
ଅସଲି ଆବାଜ ଭିତରୁ ଆସେ
ଶୁଣି ଯେ ପାରିଲା ଅଜପା ଭାସେ ।

ନିରନ୍ତର ନାଦ ବହୁଛି ସେହି
ନିରାଧାରେ ଗାନ ପାଉଛି ମୁହିଁ ।
ଗୋଲାମ ସାଜିଛି ଆର ଜୀବନୁ
ଏକଥାକୁ ଭୁଲି ହୁଏନି ମନୁ ।

ଯାହା ପାଇଛି ମୁଁ ଦେବାରେ ବ୍ୟସ୍ତ
ନେବାବାଲା କେବେ ନୁହଁଇ ସୁସ୍ଥ ।
ନାମର ରହସ୍ୟ ସଦା ମୁଁ କହେ
ପରମ ସୌଭାଗ୍ୟବାନ ତ ପାଏ ।

ନାମର ପ୍ରୀତିରେ ଯିଏ ଯୋଡ଼ିଲା
ଅମୃତ ରସରେ ସଦା ବୁଡ଼ିଲା ।
ସେ ରସ ଅଟଇ ଓଁ କାର ମୟ
ଜଗା ଫକୀରର ନାହିଁ ତ ଭୟ ।

ଭୟର ମୂଳରେ ଏହି ବିନତୀ
ଧ୍ୟାନ ସମାଧିରେ ଯାଆ ତୁ ମାତି ।
ମାତିବା ଠିକଣା ଆଚାର୍ଯ୍ୟ ଦେବ
ସରଳ ବିଶ୍ୱାସ ହୋଇଲେ ଠାବ ।

ଠାବର ଶୁଦ୍ଧତା କ୍ଷଣିକ ଭାବ
ସାଧନା ଇସାରା ଜଗାର ନାବ ।
ଜଗା ନାବ ହେବ ସତ୍ୟର ନାମ
ସାଧିଲେ ପାଇବୁ ପରମ ଧାମ ।

ଜଗତନାଥ

ଶରୀର ଗୋଟିଏ ଚଳନ୍ତା ରଥ
ଭିତରେ ବସିଛି ସ୍ୱୟଂର ନାଥ।
ସେ ନାଥ ଅଟଇ ଚୈତନ୍ୟ ରାଜା
ଅଦୃଶ୍ୟ ଭାବରେ ପାଳଇ ପ୍ରଜା।

ପ୍ରଜା ଯେ ମନର ଶୁଦ୍ଧ ବିଚାର
ପ୍ରକୃତି ରୂପରେ ଗଢ଼େ ସଂସାର।
ବେହୋସତା ଭରି କରାଏ ଯାତ୍ରା
ଭୌତିକ ସୁଖକୁ ଧରାଏ ମାତ୍ରା।

ଯାତ୍ରା ତ କ୍ଷଣିକ ସୁଖ ତ ଛାର
ସବୁ ଯେ ସାଜିଛି ଗୋବିନ୍ଦ ତୋର।
ନିରଂଜନ ମାୟା ବିକ୍ଷିପ୍ତ କରେ
ଅସଲି ଭୁଲାଇ ମନକୁ ଧରେ।

ଆତ୍ମା ମରେ ନାହିଁ କେବେ ତୁ ଜାଣ
ବିଚରଣ କରେ ଗ୍ରହରେ ପୁଣ।
ଜାଗ୍ରତ ନ ହେଲେ ପୁଣି ସେ ଫେରେ
ମାଟି ଶରୀରକୁ ଆବୋରି ମରେ।

ମୃତ୍ୟୁ ଯେ ଅଟଇ ସତ୍ୟର ବାଟ
ଜଗି ଯେ ପାରିଲା ଫିଟେ କବାଟ ।
ଶୁଦ୍ଧିଲେ ଅନ୍ତର ଦ୍ୱାର ଖୋଲିବ
ସହଜ ସାଧିଲେ ଧ୍ୱନି ଶୁଣିବ ।

ଧ୍ୱନିର ଶ୍ରବଣ ଏକା ତୋ ବୋଧ
ଅସ୍ତିତ୍ୱ ସହିତ ରହେ ସଂବନ୍ଧ ।
ଉଭୟେ ମିଳନୁ ଅଦ୍ୱୈତ ଜାତ
ସେହି ତ ଅଟଇ ଜଗତନାଥ ।

■

ସାଧକଙ୍କ ମାତା

ଦୁହିଁଙ୍କ ଭାବର ଆଦାନ ପ୍ରଦାନ
ଜଣଙ୍କର ତ୍ୟାଗ ଅନ୍ୟଟିର ଧ୍ୟାନ।
ସାକ୍ଷାତ କରାଏ ପ୍ରତି ଶ୍ୱାସଦାନ
ଶବଦେ ନ ଥାଏ କିଛି ପ୍ରୟୋଜନ।

ଅନୁଭବୀ ଜାଣେ ସ୍ୱୟଂର ମିଳନ
ନାହିଁ ଉତ୍ତେଜନା ପୂର୍ଣ୍ଣ ଆଲିଙ୍ଗନ।
ରକ୍ତ ମାଂସ ଶରୀ ଭିତରେ ବ୍ରହ୍ମ
ସେ ବ୍ରହ୍ମ ଭିତରେ ଛପିଛି ଚୈତନ୍ୟ।

ମହା ମିଳନରୁ ସତ୍ତ୍ୱ ଉଦୟ
ଅସ୍ତିତ୍ୱ ସ୍ୱୀକୃତି ଦେଲା ତ ଅଭୟ।
ଦୁଇଟି ଗୃହରେ ଯେବେ ଲାଗେ ନିଆଁ
ଗୋଟିଏ ଅଗ୍ନିରେ ଶ୍ମଶାନର ଧୂଆଁ।

ଜଣଙ୍କ ହୃଦୟ ଭାଙ୍ଗି ଯାଉଥିବ
ଆଉ ଜଣେ ହେଲା ଦରମଲା ଶବ।
ଦୁହିଁଙ୍କ ଜୁଇରୁ ପାଉଁଶ ଉଡ଼ିବ
ମିଶିଲେ ଧରିତ୍ରୀ ଗଢ଼ିବ ସେ ଜୀବ।

ସବୁ ଜାଣନ୍ତିନି ଗୋବିନ୍ଦର ପ୍ରେମ
ସବୁ ଗ୍ରନ୍ଥ ଦିଏ ବୋହୋସର ରାମ।
ପ୍ରକୃତି ପୁରୁଷ ଦୁହେଁ ମିଶାମିଶି
ଉଭୟେ ହୋଇବ ଚେତନାର ଶଶି।

ପଙ୍କରୁ ଜନମେ କମଳର କଢ଼ି
ନାଭିରୁ ହଜିବ ମୃତ୍ୟୁର ଯେ ରଡ଼ି।
କାଳ ସରିଯିବ ଶରୀ ମରିଯିବ
ଚେତା ପୁଣି ଥରେ ଜାଗି ପହଞ୍ଚିବ।

ନୂଆଁ ଭ୍ରୁଣ ହୋଇ ମାତୃ ଗର୍ଭେ ଯିବ
ତାହାରି ଶ୍ୱାସରୁ ନାଦ ଯେ ଶୁଣିବ।
ସେ ଦୁଇ ସାଧନା ଗୁରୁଶିଷ୍ୟ ଭାବ
ଜନମିବ ଜାଣ ସତ୍ୟରୂପା ଜୀବ।

ସର୍ଜନା ଆଣିବ ସାକାର ସ୍ୱରୂପ
ଜନ୍ମରୁ ଜାଣିବ ଶାଶ୍ୱତର ଦୀପ।
ସେ ଦୀପରେ ନାହିଁ ତେଲ ଓ ବଳିତା
ସଂସାରେ ଜଳିବ ସେ ଜାଗ୍ରତ ଚେତା।

ଦ୍ୱୈତ ହଜିଗଲେ ସତ୍ୟ ପ୍ରଘଟିବ
ବାହାର ଭିତର ବାଜା ଶୁଭାଯିବ।
ପାଇଲେ ଶ୍ରବଣ ଜାଣିବୁ ତୁ ଶ୍ୟାମ
ପାଖେ ପହଞ୍ଚିବ ନିଜେ ସତ୍ୟରାମ।

ସଚ୍ଚାନାମ ନୁହେଁ ସତ୍ୟର ସଂକେତ
ଗୁରୁ କହେ ସେତ ଜାଣିବ ଅସ୍ତିତ୍ୱ।
ସେ ପରମ ଯୋଗ ଘଟଇ ଯେ ଥରେ
ସାତ ଜନମରେ ପହଞ୍ଚେ କୁମ୍ଭରେ।

ମହା ସଂଯୋଗରେ ହୋଇଯିବ ପୂର୍ଣ୍ଣ
ବ୍ରତ ପୁରିଯିବ ସେ ମେଳାର ଶୂନ୍ୟ।
ପୂର୍ଣ୍ଣ ମାୟା ତୁହି ତୋ ଗୁରୁଙ୍କ ଜାୟା
ଏହି ଜୀବନରେ ଅଟୁ ତୁହି ସାହା।

ସନ୍ଥକୁ ଉଠାଇ ଶରୀର ଛାଡ଼ିବୁ
ସତ୍ୟବାଦୀ ହୋଇ ବ୍ରହ୍ମକୁ ଜାଣିବୁ।
ଦୁହେଁ ଯେ ଅଭିନ୍ନ ଗୋଟିଏ ସେ ନାବ
ଏକା ହୋଇଗଲେ ଜାଣିବ ସ୍ୱଭାବ।

ଭାବରେ ମୂଳରେ ହଜିଯିବ ମାୟା
ଜଗନ୍ନାଥଙ୍କର ନ ଥାଏ ତ କାୟା।
ସୃଷ୍ଟିର ସର୍ଜନା ଅସ୍ତିତ୍ୱର ସତ୍ତା
ସ୍ୱୟଂସତ୍ତା ହେବ ସାଧକଙ୍କ ମାତା।

■

କ୍ଷଣ

କ୍ଷଣିକ ଭିତରେ ମନକୁ ତୁ ମାରୁ
କ୍ଷଣିକ ମଧ୍ୟରେ ମାୟା ଆବୋରୁ।
କ୍ଷଣିକ ମିଳନେ ଜନ୍ମ ତୁ କରୁ
କ୍ଷଣିକ ବିୟୋଗେ ମୃତ୍ୟୁକୁ ତାରୁ।

କ୍ଷଣିକ ବେହୋସେ ଘଟଣା ଦେଉ
କ୍ଷଣିକ ଜାଗ୍ରତେ ସତ୍ୟକୁ ପାଉ।
କ୍ଷଣିକରେ ବୀଜ ଯେ ବିକଶିତ
କ୍ଷଣିକରେ କ୍ଷତ ଯେ ଅସ୍ତବ୍ୟସ୍ତ।

କ୍ଷଣରେ କଢ଼ିଟି ବିକାଶ ହୁଏ
କ୍ଷଣରେ ପତ୍ରଟି ଝଡ଼ି ବି ଯାଏ।
କ୍ଷଣରେ ହିଂସାତ ଉଦୟ ହୁଏ
କ୍ଷଣରେ ପ୍ରେମର ବରଷା ପାଏ।

କ୍ଷଣରେ ମଣିଷ ପଶୁତ୍ୱ ହୁଏ
କ୍ଷଣରେ ପକ୍ଷୀ ବି ସଙ୍ଗୀତ ଗାଏ।
କ୍ଷଣରେ ଅସ୍ତିତ୍ୱ ଧ୍ୱଂସ ବି ହୁଏ
କ୍ଷଣରେ ପରମ ହଂସତ୍ୱ ପାଏ।

ଏକାନ୍ତରେ ଗାଉଅଛି

ଏକାନ୍ତରେ ଗାଉଅଛି ଚଢ଼େଇଟି ଗୀତ
ପାଖେନାହିଁ ଶୁଣିବାକୁ ତାର କେହି ମିତ।
ନାହିଁ ସାହା କଥାକୁହା ନାହିଁ ସ୍ୱାମୀ ସୂତ
ଭାବେ ନାହିଁ ଏକା ବୋଲି ସହିଯାଏ ଶୀତ।

ବରଷା ବତାସେ ରହି ଦେଖୁଥାଏ ରାତ
ପୁଣି ଖରା ଫେରିଆସେ ନେଇ ନୂଆ ଚେତ।
ଖାଦ୍ୟ ବସ୍ତ୍ର ବାସ ପାଇଁ ନାହିଁ ତାର ଚିନ୍ତା
ଯାହା ମିଳେ ଯେବେ ତାକୁ ଖାଇ ଗାଏ ଗୀତା।

ଭୂତ ଭବିଷ୍ୟତ କଥା ଜଣାନାହିଁ ତାକୁ
କାହାକୁ କହିବ ସିଏ ପାଖେ ଶୁଣିବାକୁ।
ଭାବୁଛି ଏକା ତ ଭଲ ବିଧାତାରୁ ଜାତ
ସିଏ ଗୀତ ଗାଉଥାଏ ଶୁଣେ ସେହି ମିତ।

ମିତ ପରା କେହି ନୁହେଁ ନିଜ ପ୍ରାଣ ସଖା
ସବୁକ୍ଷଣେ ଦେଉଥାଏ ଚେତନାରେ ଦେଖା।
କ୍ଷୁଦ୍ର ହୋଇ ରୁଦ୍ରକୁ ଯେ ସଦା କରେ ଲୟ
ସଂସାରରେ ଥାଇ ସିଏ ପୁଣି ଭୁଲେ ଭୟ।
ସେହି ଏକା ଅଟେ ସାଥୀ ଦେଖାଏ ସେ ପଥ
ତାହା ଠାରୁ ଜାତ କହେ ସ୍ୱାମୀ ଜଗନ୍ନାଥ।

ନିଶବଦ ଘରେ ଭେଟ

ନିଶବଦ ଘରେ ଭେଟ ଶୂନ୍ୟ ବ୍ରହ୍ମଙ୍କୁ
ନାହିଁ ଶବଦ ଭେଦ ଜାଣିବୁ ତୁ ସେ ନାଦ,
ସ୍ୱୟଂ ଶ୍ରବଣେ ହେବ ନିଜ ଅଙ୍ଗକୁ।
ନିଶବଦ ଘରେ ଭେଟ ଶୂନ୍ୟ ବ୍ରହ୍ମଙ୍କୁ...।

ନ ଥାଏ ଦିବାରାତ୍ରି ପାଖେ ମିଳଇ ପତି
ଯାତରା କରାଏ ସେ ନିରାକାରକୁ,
କଂପନ ହୁଏ ନାହିଁ କାମନା ଯାଏ ବହି
ଚେତନା ଜାଗିଉଠେ ଶୂନ୍ୟ ମନକୁ।
ନିଶବଦ ଘରେ ଭେଟ ଶୂନ୍ୟ ବ୍ରହ୍ମଙ୍କୁ...।

ଆକାର ହଜିଯାଏ ସାକାର ବି ନ ଥାଏ
ପ୍ରକାଶ ଦେଖାଯାଏ ଜାଣ ଧ୍ୟାନକୁ,
ଜଗତ ସ୍ୱାମୀ ସେହି ଓଁକାର ରୂପ ନେଇ
ସର୍ଜନା କରୁଥାଏ ସାରା ବିଶ୍ୱକୁ।
ନିଶବଦ ଘରେ ଭେଟ ଶୂନ୍ୟ ବ୍ରହ୍ମଙ୍କୁ...।

ନୁହଁଇ କିଛି ଦୃଶ୍ୟ ହଜାଏ ଭାବ ଶୋଷ
ସଂଯୋଗ ହୋଇଯାଏ ସତ୍ୟ ଲୋକକୁ,
ଶବଦ ଶୁଣୁଶୁଣୁ ସଂସାରୀ ହୋଇ ତରୁ
ନାମ ନେଇଯାଏ ତାକୁ ନିଜ ଗୃହକୁ।
ନିଶବଦ ଘରେ ଭେଟ ଶୂନ୍ୟ ବ୍ରହ୍ମଙ୍କୁ...।

ବ୍ରହ୍ମରେ ହେବୁ ଲୀନ ସେହି ସମାଧି ଧ୍ୟାନ
କେହି ନ ଜାଣଇ ତା ସଦା ମର୍ମକୁ,
ଭଣଇ ଜଗନ୍ନାଥ ସୁମିରଣ ତା ପଥ
ପ୍ରଣାମ କରେ ସଦା ଗୁରୁପାଦକୁ ।।
ନିଶବଦ ଘରେ ଭେଟ ଶୂନ୍ୟ ବ୍ରହ୍ମଙ୍କୁ...।

ଧାର୍ମିକତା ହିଁ ଈଶ୍ୱର

ହେ ପରମେଶ୍ୱର ଶୂନ୍ୟ ଅବତାର
ଦର୍ଶନ ଦିଅ ଏଥର,
ଜଗତବାସୀଙ୍କ ଶୁଝି ଋଣ ରାଶି
ସୂତ୍ର ଦେବି ମୁକତିର
ହେ ପରମେଶ୍ୱର...।

ସଂସାରରେ ଥାଇ ଜାଗ୍ରତ ସେ ରହି
ପୂର୍ଣ୍ଣହେଉ ଯାତ୍ରା ତାର,
ଅନ୍ତରକୁ ଯାଇ ଗୁରୁରୂପ ଥୋଇ
ଶୂନ୍ୟରୁ ଶୁଣୁ ଓଁ କାର।
ହେ ପରମେଶ୍ୱର...।

ସୁମିରଣେ ରହି ଶୀଳବାନ ହୋଇ
ଦେଖୁ ଅଜପାର ଘର
ପରିଚୟ ପାଉ ଚେତନାର ପୀର
ପ୍ରକାଶିତ ହେଉ ନୂର
ହେ ପରମେଶ୍ୱର...।

ସହଜରେ ଥାଇ ସଙ୍ଗୀତକୁ ଗାଇ
ପ୍ରେମ ଝରୁ ନିରନ୍ତର।
ସେବା ଜ୍ଞାନ ଦେଇ

ଧ୍ୟାନରସ ପାଇ
ପାଉ ସତ୍ତ୍ୱ ଆଧାର।
ହେ ପରମେଶ୍ୱର...।

ପରମ ବିଶ୍ରାମେ ପ୍ରାଣ ଯାଉ ତାର
ଶୁଣୁ ଶୁଣୁ ଧ୍ୱନି ତୋର।
ସ୍ୱାମୀ ଜଗନ୍ନାଥ ଆରତୀ କରୁଛି
ଦୃଷ୍ଟିପଡୁ ଅସ୍ତିତ୍ୱର।
ହେ ପରମେଶ୍ୱର...।

ଜଗତବାସୀମୋ ଧ୍ୟାନ ପ୍ରେମ ପାଇ
ମୁକ୍ତିପାଉ ଆତ୍ମା ତାର
ସାରା ଧରିତ୍ରୀରେ ପ୍ରତିଷ୍ଠା ଯେ ହେଉ
ଧାର୍ମିକତା ହିଁ ଈଶ୍ୱର
ହେ ପରମେଶ୍ୱର...।

ନିଜ ସୁରକ୍ଷା ହାତେ ତୋର

ସମସ୍ତେ ହୋଇବେ ଏକାକାର
ବେଦରେ ନ ଥିବ ବିଚାର।
ରହିବେ ନିଜେ ଏକାନ୍ତର
ପ୍ରଭୁଙ୍କୁ ଡାକିବେ ଯେ ନର।

ଏହି ବିପତ୍ତି ସଂସାରର
ଅକାଳ ମୃତ୍ୟୁ ହେବ ସାର।
ପଶୁ ପକ୍ଷୀ ଓ କୀଟଙ୍କର
ବୃକ୍ଷାଦିଙ୍କର ନାହିଁ ଡର।

ଉଦଗମ ଜାଣ ଅତ୍ୟାଚାର
ଅସ୍ତିତ୍ୱ ପ୍ରତି ମାନବର।
ଅହଂକାର ତା ଏକା ସାର
ଅନ୍ୟଠୁ ଲୋଟି ଭାବେ ବୀର।

ସମୁହ ଆତ୍ମହତ୍ୟା ସାର
ସଭିଙ୍କ ପ୍ରତି ଉପହାର।
ଖାଦ୍ୟ ସଂଗ୍ରହେ ତରବର
ଆସେ ବିପତ୍ତି ପାଖେ ତାର।

ଏକାନ୍ତରେ ତୁ ନାମ ଧର
ଜାଣିବୁ ଏକା ଧ୍ୟାନ ସାର।
ସମାଧି ହେବ ଶ୍ରେଷ୍ଠ ଦ୍ୱାର
ସହଜ ଧ୍ୟାନ ପ୍ରଭୁଙ୍କର।

ଭିତରୁ ଶୁଣିଲେ ଓଁକାର
ସ୍ଥିର ହୋଇବ ଚିତ୍ତ ତୋର।
ସମସ୍ୟା ଜାଣ ହେବ ଦୂର
ନିଜ ସୁରକ୍ଷା ହାତେ ତୋର।

ଅସ୍ତିତ୍ୱ ଶାଖା

ପରମ ପୁରୁଷ ଅଟଇ ଅସ୍ତିତ୍ୱ ଜାଣ ଏକା,
ପାଞ୍ଚତତ୍ତ୍ୱରୁ ସେ ଉର୍ଦ୍ଧ୍ୱରେ
ସନ୍ଥ କହନ୍ତି ସଖା ।
ପଞ୍ଚଶାଖା ସହ ସଂଯୋଗ
ହୋଇ ଆତ୍ମାରେ ଦେଖା,
ଛପିଥାଏ ତାର ଶକତି
ମନ କରଇ ଶୁଖା ।

ଗୁରୁଙ୍କ ସଂକେତ ଧରିଲେ
ନାମଦିଏ ସୁରକ୍ଷା
ସେହି ଯେ ଜାଣନ୍ତି ଅମୃତ
ହୁଏ ଆନନ୍ଦ ମୁଖା ।

ଯିଏ କରଇ ତାଙ୍କ ସେବା,
କରେ ନାହିଁ ସେ ଭିକ୍ଷା,
ସବୁ ପ୍ରାଣେ ତାଙ୍କୁ ଜାଣିବୁ
ଯେବେ ପାଇବ ଦେଖା ।

ପ୍ରଥମ ମୌସୁମୀ ଚୁମ୍ବନେ
ବିଭୂତି ରୂପେ ପକା
ଜଗତ ଜାଣିବ ଶାମୁକା
ଗର୍ଭେ ମୁକ୍ତାର ଦେଖା ।

ସନ୍ଥ ଜଗନ୍ନାଥର ଅଂଶ
ହୋଇ ଜାଳିବ ଶିଖା ।
ଜଗତ ଚିହ୍ନିବ ଭକ୍ତଙ୍କୁ
ସେ ତ ଅସ୍ତିତ୍ୱ ଶାଖା ।

ନୂଆ ଅଭିଯାନ

ନୂଆ ଅଭିଯାନ ଜାଣ ସଂକଳ୍ପର ଦିନ,
ଯିଏ ଯାହା କର ପଛେ
ଯୋଡ଼ିଦିଅ ଧ୍ୟାନ।
ଆନନ୍ଦର ମୁହୂର୍ତ୍ତକୁ କର ଆବାହନ
ବିଶ୍ୱର ପ୍ରତିଷ୍ଠା ହେଉ ଓଶୋଙ୍କର ଦାନ।

ଓଶୋଙ୍କର ଦୁଇ ସୂତ୍ର ଧ୍ୟାନ ଆଉ ପ୍ରେମ
ଆଧ୍ୟାତ୍ମିକ ଯାତ୍ରା ପଥେ ଅଟେ ଯଜ୍ଞସମ।
ସମ୍ୟକ କର୍ମର ସହ କରରେ ପ୍ରାର୍ଥନା
ଓଁକାର ଶ୍ରବଣେ ଜାଣ ହେଲାରେ ସାଧନା।

ଶୂନ୍ୟତାର ଶବଦକୁ ଅନ୍ତରୁ ଶୁଣିବ
ସହଜ ନିଷ୍କ୍ରିୟ ହେଲେ ଧ୍ୟାନ ଘଟିଯିବ।
ଧ୍ୟାନ ପରିଚୟ ଦିଏ ସଦଗୁରୁ ସନ୍ତାନ
କିଏ କହେ ଆଚାର୍ଯ୍ୟ ସେ କିଏ ସନ୍ଥ ଜନ।

ସେହି ଧ୍ୟାନ ଅଟଇ ଯେ ପ୍ରଣବର ଜ୍ଞାନ
ସର୍ଭିଙ୍କର ସ୍ୱଭାବ ସେ ଅନ୍ତର ଚୈତନ୍ୟ।
କିଏ କହେ ଅନାହତ ଅଜପା ସ୍ମରଣ
ସନ୍ଥ କହେ ମହାମୃତ୍ୟୁ ଆତ୍ମ ଅଭିଯାନ।

ସବୁରି ସର୍ଜନା ମଧ୍ୟେ ସଦା ବିଦ୍ୟମାନ
ସେହି ପୁଣି ଆତ୍ମସତ୍ତା ସେହି ବ୍ରହ୍ମଜ୍ଞାନ।
ଆତ୍ମା ପ୍ରତି ପ୍ରେମ ଭାବ ଯେବେ ଘଟିଥାଏ
ସଂସାରଟି ଶୁଦ୍ଧ ହୋଇ ଅନୁଭବ ଦିଏ।

ଧ୍ୟାନ ସାଧନାର ବିଧି ସ୍ୱୟଂ ଅନୁଧ୍ୟାନ
ସମସ୍ତଙ୍କୁ ଯାତ୍ରା ପାଇଁ କଲି ନିବେଦନ।

■

BLACK EAGLE BOOKS

www.blackeaglebooks.org
info@blackeaglebooks.org

Black Eagle Books, an independent publisher, was founded as a nonprofit organization in April, 2019. It is our mission to connect and engage the Indian diaspora and the world at large with the best of works of world literature published on a collaborative platform, with special emphasis on foregrounding Contemporary Classics and New Writing.

www.ingramcontent.com/pod-product-compliance
Lightning Source LLC
Chambersburg PA
CBHW020531080526
44583CB00013B/816
* 9 7 8 1 6 4 5 6 0 4 4 0 2 *